Let's try doing ayatori!

伝統あそびで国際交流！

英語であやとり

汐文社

はじめに

●輪にしたひもを手にかけてさまざまな形をつくる遊び、あやとり。日本でも昔から伝わっていますが、実は世界各地で親しまれているって、知っていましたか。南米やアフリカ、イヌイットやアメリカ先住民の人たちもあやとりをしていたといわれます。

●あやとりは異文化理解のひとつの入り口なのかもしれません。

●この本では、昔から親しまれている作品を中心に、やさしいあやとりを英語の対訳つきで紹介しています。

●みなさんの学校には、外国からの留学生が来ることはありますか。また、日本語が母語でない子のいるクラスもあるでしょう。

●日本語のわからない人とのコミュニケーションは苦労するものですが、たとえば、この本を見て英語で説明しながら、いっしょにあやとりをやってみてはどうでしょう。

●単語をたくさん知らなくても、文法が苦手でも、大丈夫。手を動かす遊びは、みんなが楽しめるものです。あやとりをきっかけに、友だちが増えたらきっと楽しいですね!

手を動かす遊びは、言葉がちがっても、誰でも楽しめるね。

Anyone can have fun using their hands to play games even if they speak different languages.

さっそくあやとりをやってみよう!

Let's try doing ayatori!

この本の使いかた

●作品名

●作品のモチーフにかかわるやさしい英会話例を紹介しています。

●工程にもすべてやさしい英訳をつけています。おおむね中学校2年生までに学習していないと思われる語には、カタカナのよみをつけています。

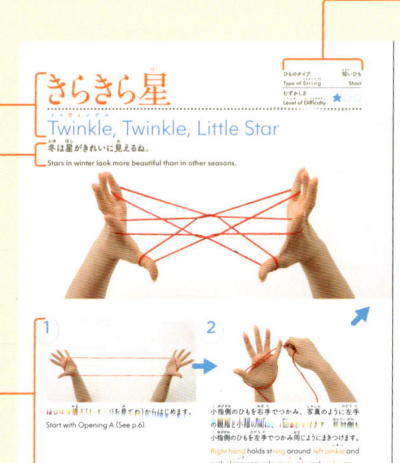

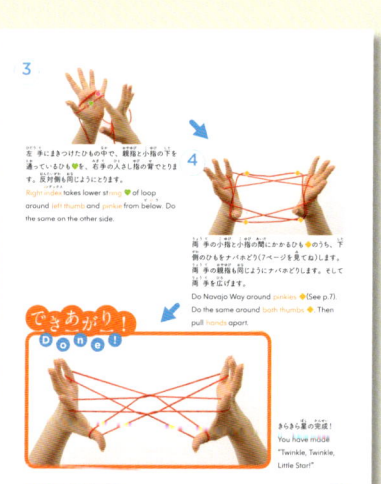

きらきら星
Twinkle, Twinkle, Little Star
冬は星がきれいに見える。
Stars in winter look more beautiful than in other seasons.

1
ひもは「基本となるかまえ」をつくってからはじめます。
Start with Opening A (See p.6).

2
小指側のひもを右手でつかみ、写真のように左手の親指と小指にかけます。反対も同じようにとりつけます。
Right hand holds string around left pinkie and sets it into right thumb and pinkie as shown. Do the same on the other side.

3
左手にまきつけたひもの中で、親指と小指の下を通っているひもを♥と、右手の人さし指の背でとりつます。反対側も同じようにとります。
Right index takes lower string ♥ of loop around left thumb and pinkie from below. Do the same on the other side.

4
両手の小指と小指の間にかかるひも♥のうち、下側のひもをナバホどり(7ページを見てね)します。両手の親指も同じようにナバホどりします。そして両手を広げます。
Do Navajo Way around pinkies ♥ (See p.7). Do the same around both thumbs ♥. Then pull hands apart.

できあがり!
Done!

きらきら星の完成!
You have made "Twinkle, Twinkle, Little Star"!

●使用するひもの長さと難易度を表示しています。

Type of String — Short
Level of Difficulty — ★

●手の部分や指の名前は色を変えて表示しています。

もくじ

Part 1　ひとりでできるカンタンあやとり｜Easy String Figures　12

Part 2　ひとりでできるチャレンジあやとり｜Challenging String Figures　34

Part 3　友だちと楽しむ面白あやとり｜Unique Cat's Cradle with Friends　52

ひもについて

Lengths and Types of String and How to Knot

あやとりをはじめる前に、ひもの長さや種類、結びかたについて知っておこう。

Explaining about length of string, types of string and how to knot.

手にまいて
長さを決めよう。
Wind the string
around your palm
to mesure it.

ひもの長さ
Length of String

この本は、「とりやすさ」によっておすすめのひもの長さを決めています。下のひもの表は、小学校1〜2年生が使うものとしています。その学年より小さい子どもや大きい子ども、大人がとるときは下の表を基本にひもの長さを調節してください。

This book suggests three different lengths of string for first and second-year students in primary school. If necessary, adjust the length for each player, using the charts below.

短いひも［約140cm］＊7〜8回ほど手にまく。

Short Length［About 140cm］＊Wind the string seven or eight times around the palm.

ふつうのひも［約160cm］＊8〜9回ほど手にまく。

Medium Length［About 160cm］＊Wind the string eight or nine times around the palm.

長いひも［約180cm］＊9〜10回ほど手にまく。

Long Length［About 180cm］＊Wind the string nine or ten times around the palm.

ひもの種類
Types of String

あやとりに使えるひもはいろいろありますが、目のつまったアクリル製のひもや、「うちひも」と呼ばれる木綿製のひもがおすすめです。毛糸でもとることはできますが、毛玉ができてしまうととりづらくなります。

Acrylic string with tight weaves or cotton string called "Uchihimo" are recommended for string figures. Wool yarn can also be used but it wears out quickly.

ひもの結びかた
How to knot the ends

あやとりに使うひもを結ぶときは、結び目が小さくて、ほどけにくい結びかたにしましょう。この本では下のような「りょうし結び」をおすすめしています。

When you knot the ends to make a loop for string figures, a small tight knot is required. This book recommends *"Ryoshi musubi"* below.

1

ひもを平らなところにおき、完成より10cm長くなるように切ります。

Place the string on a flat surface and cut it adding an extra 10 cm.

2

ひもの両端が10cmくらい重なるように輪を作ります。

Place it in a circle with the extra 10 cm overlapping.

3

片方にゆるめの結び目を作り、その輪にもう片方のひもを通します。

Make a loose knot with one end and pass the other end through that knot.

4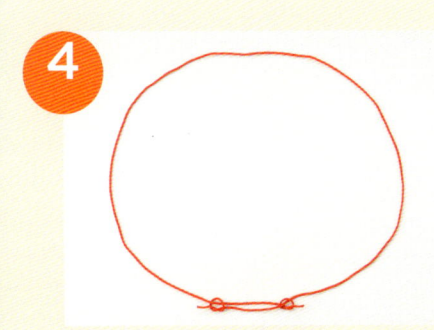

輪に通したひもの端を、反対側のひもにひと回しして、同じようにゆるめの結び目を作ります。

Make a loose knot with that end, rotating it under the string and knotting it.

5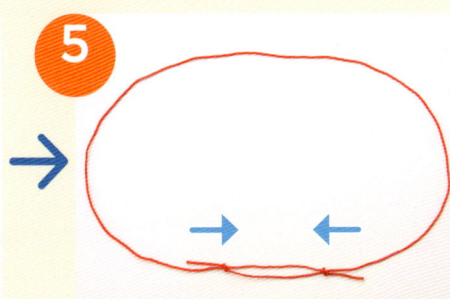

ひもの両端を引きしめたら、矢印の方向に結び目同士が来るように、ひもをひっぱります。

Put the two knots together and tighten by pulling the two ends of the main string.

完成！ Done!

結び目がほどけないように、もう一度ひもを引きしめ、余分なひもの端ははさみで切ります。

Tighten again and cut off the extra ends if necessary.

基本の構えかた
ベイスィク　ポズィションズ
Basic Positions

あやとりには基本となる構えがいくつかあるよ。
ここで紹介する構えからはじめるあやとりも多いので、しっかり覚えておこう。

We use some basic positions when you play string figures.

Many figures in this book start as shown below.

■ はじめの構え　Opening A

両手の親指と小指の間にひもをかけて輪をつくります。
ループ　　　　　　　　サムズ　　　　ピンキィズ
Place loop around both thumbs and pinkies.

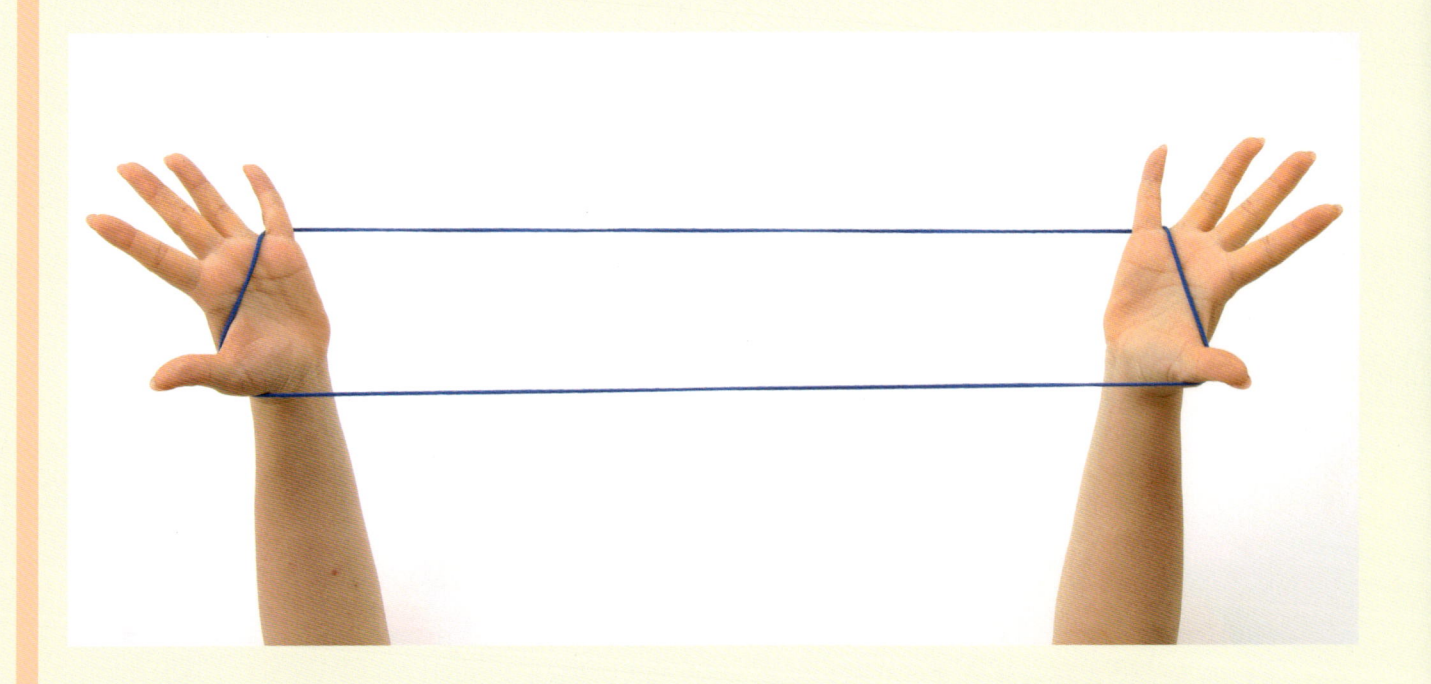

人さし指の構え Opening B

＊本書では出てきませんが、基本の構えかたのひとつです。

①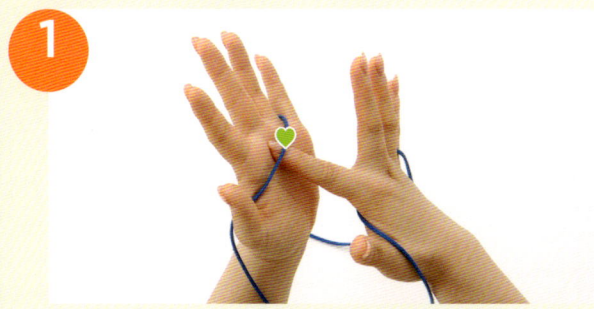

はじめの構えをして、左手の💚を右手の人さし指の背（8ページ参照）でとります。

Start with Opening A and then right index takes left palm string 💚 from below.

⬇

②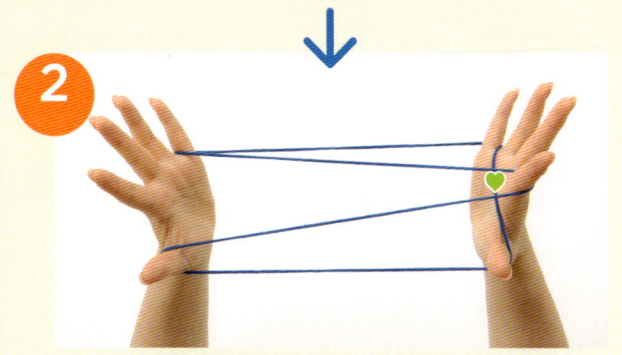

右手の💚を、左手の人さし指の背でとります。

Left index takes right palm string 💚 from below.

⬇

③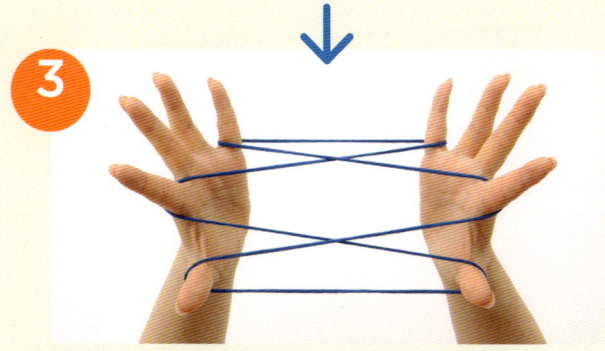

両手を広げれば、人さし指の構えのできあがり。

Pull hands apart and then you have made Opening B.

中指の構え Opening C

①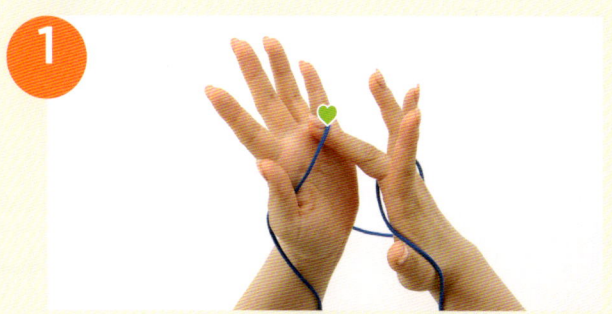

はじめの構えをして、左手の💚を右手の中指の背でとります。

Start with Opening A and then right middle takes left palm string 💚 from below.

⬇

②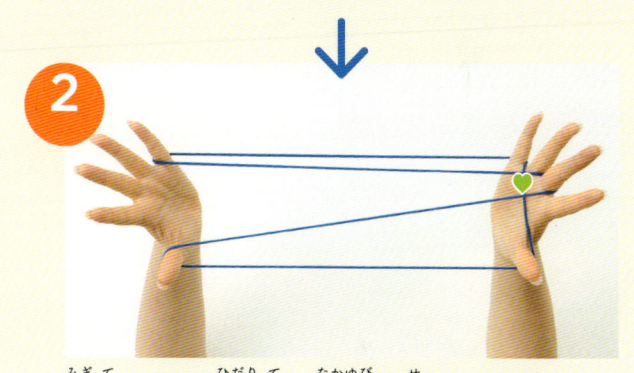

右手の💚を、左手の中指の背でとります。

Left middle takes right palm string 💚 from below.

⬇

③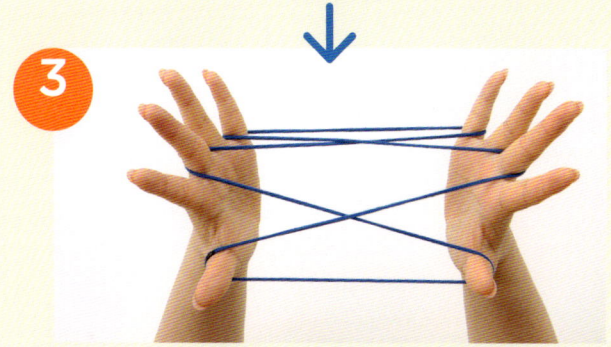

両手を広げれば、中指の構えのできあがり。

Pull hands apart and then you have made Opening C.

基本のとりかた

ベイスィク スキルズ
Basic Skills

ここでは、覚えておきたい約束事や便利なテクニックを紹介するよ。

イントゥロデュースィン(グ)　テクニークス
Introducing useful techniques for you to remember.

指の背でとる

ストゥリン(グ)　ビロウ
Take string from below.

1

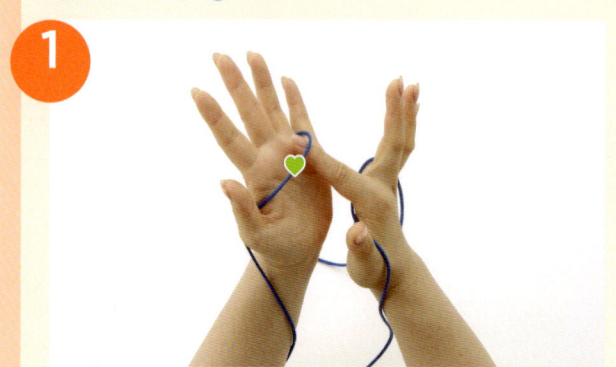

とりたい箇所の💚を、反対側の指の背で下から引っかけます。

アポズィット パーム
Finger takes the opposite palm string 💚 from below.

2

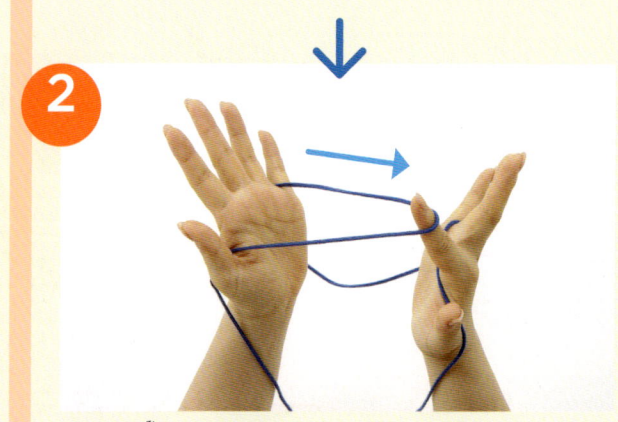

ひもを引いてとります。

アパート
Pull hands apart.

指の腹でとる

ユビ　ハラ　アバヴ
Take string from above.

1

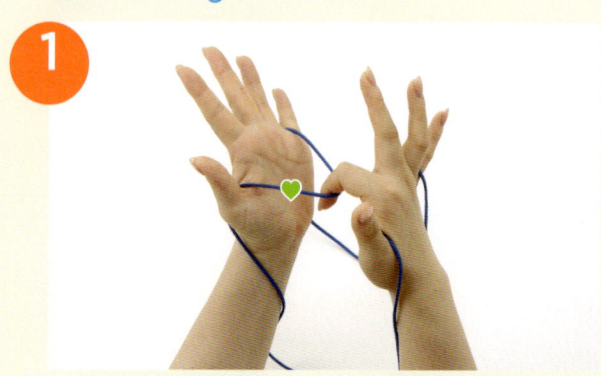

とりたい箇所の💚を、反対側の指の腹で上から引っかけます。

Finger takes the opposite palm string 💚 from above.

2

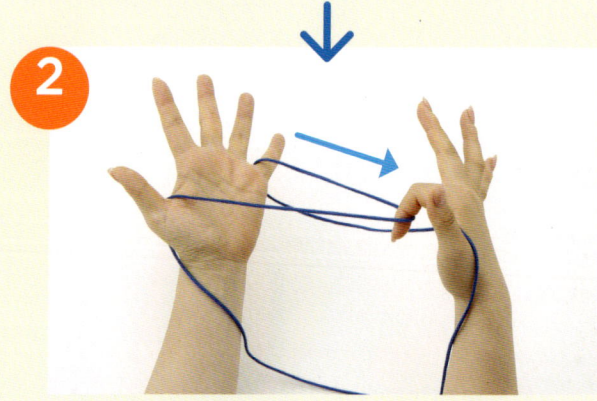

ひもを引いてとります。

Pull hands apart.

ナバホどり
ナヴァホウ
Navajo way

アメリカ先住民のナバホ族がよく使ったはずしかた。指にかかる2本のうち、下側だけをはずす方法です。

Lower finger loop is lifted over upper finger. It is called Navajo way. Navajo is the name of American tribe.

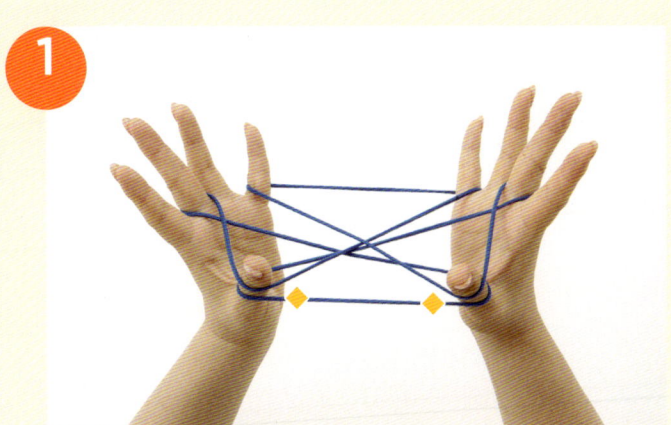

1

2本のひもが親指にかかっています。はずすのは◆のひもだけです。

Two loops are around each thumb. Lower thumb loop ◆ only will be taken.

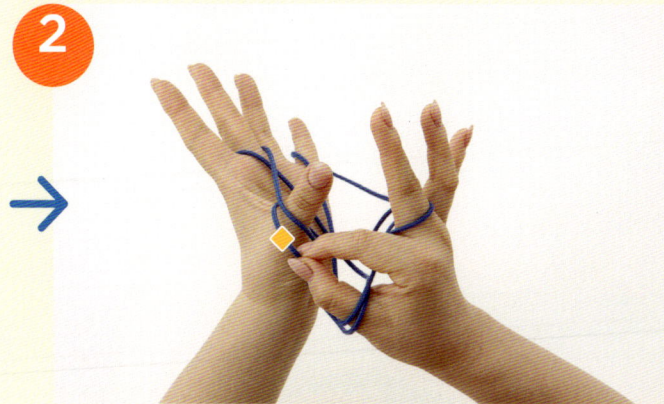

2

右手の指で左手の親指の下側の◆のひもをつかみます。

Pinch right thumb and index together and hold lower left thumb loop ◆.

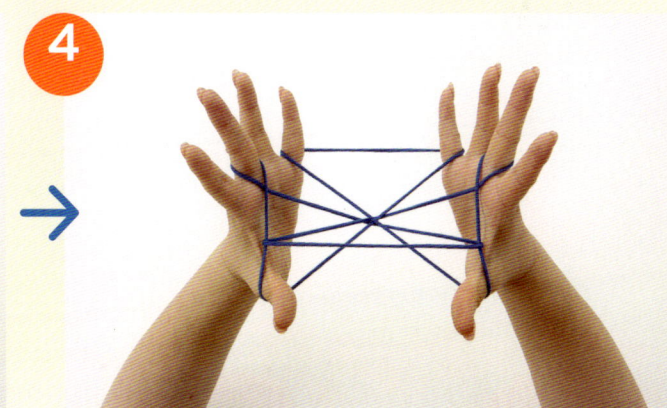

3

はずします。もうひとつのひもがはずれてしまわないように気をつけましょう。

Lower thumb loop ◆ is lifted over, not the upper one.

4

反対側も同じようにはずせば成功！　なれれば片手でもはずせます。

Repeat on the other hand! Once you get used to it, you can do both at the same time.

マークの見かた
<ruby>見<rt>み</rt></ruby>
マークス
Meaning of Marks

この本で使っているマークを確認しよう。
<ruby>本<rt>ほん</rt></ruby> <ruby>使<rt>つか</rt></ruby> <ruby>確認<rt>かくにん</rt></ruby>

イクス プレイニン（グ）
Explaining what the marks in this book mean.

♥ とるひものマーク
ストゥリン（グ）
shows which part of string to take

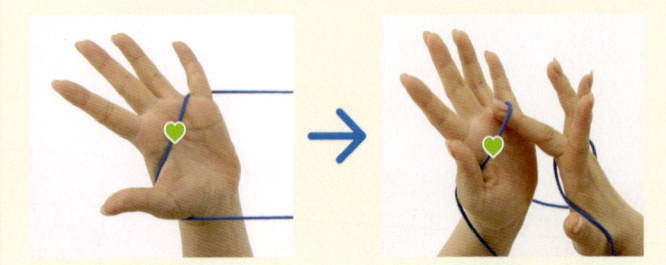

● 使う指のマーク
<ruby>使<rt>つか</rt></ruby> <ruby>指<rt>ゆび</rt></ruby>
shows which finger to use

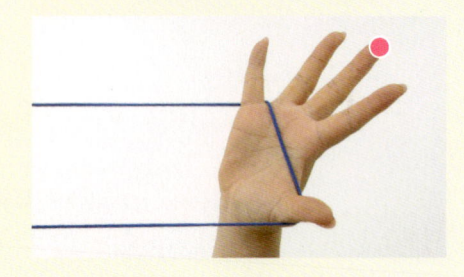

◆ はずすひものマーク
リリース
shows which part of string to release

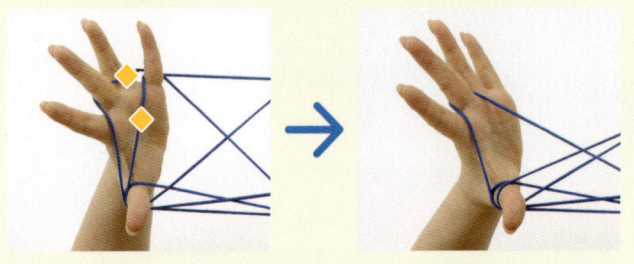

★ 指を入れる場所のマーク
<ruby>指<rt>ゆび</rt></ruby> <ruby>入<rt>い</rt></ruby> <ruby>場所<rt>ばしょ</rt></ruby>
shows which part of string to point down

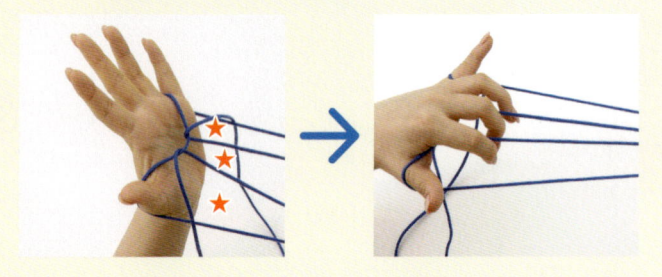

■ 押さえるひものマーク
<ruby>押<rt>お</rt></ruby>
shows which part of string to hold

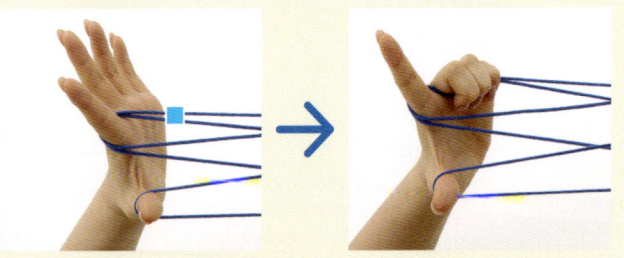

そのほかのマーク

Other Instructions to Follow

➡ 指や手首、手のひらを動かす方向をあらわしています。破線になっているときは、ひもの向こう側という意味です。

アロウズ
Arrows leading from fingers, wrists リスツ
バームズ
and palms show finger, wrist and palm ムーヴメント ダッティド
movement. Dotted arrows show far strings.

A アルファベットは動かすひもの順番をあらわしています。

アルファベット
The alphabet shows the orders of string movement.

手や指を英語で言えるかな?
English Names of Hand and Fingers

あやとりの説明で、指の名前を英語で言えるようにしておこう。手や指の名前は色つきで表示しているよ。

フィギュアズ
When explaining how to play string figures in English, you should use the English finger names. Different names of fingers and parts of hand are shown in color.

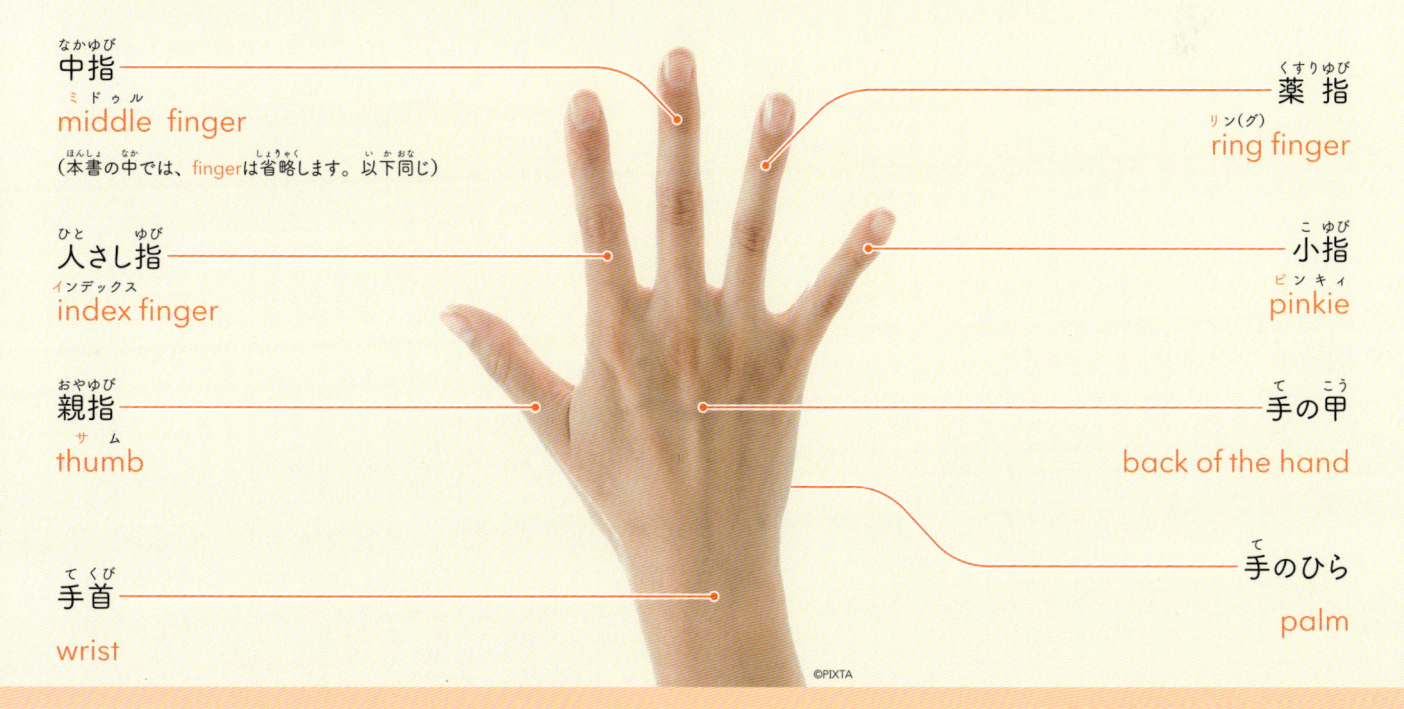

なかゆび
中指
ミドゥル
middle finger
(本書の中では、fingerは省略します。以下同じ)

ひとさしゆび
人さし指
インデックス
index finger

おやゆび
親指
サム
thumb

てくび
手首
wrist

くすりゆび
薬指
リン(グ)
ring finger

こゆび
小指
ピンキィ
pinkie

てこう
手の甲
back of the hand

て
手のひら
palm

©PIXTA

Part 1

Easy String Figures

ストゥリン（グ）　フィギュァズ

ひとりでできる
カンタンあやとり

あやとりを
教えてくれる？
Can you tell me how to
play string figures?

いいよ！
Why not!

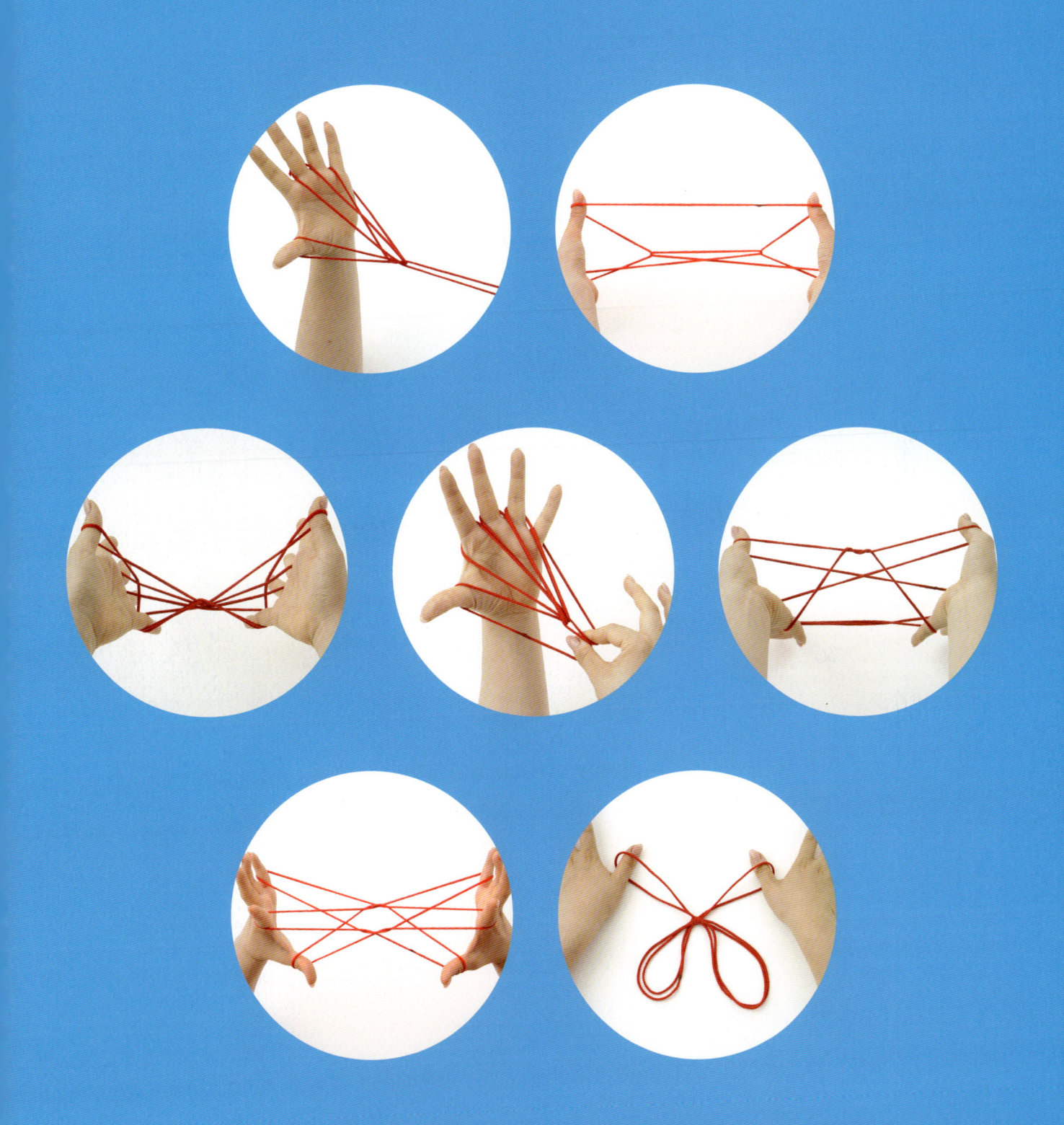

ぱんぱんほうき

ひもの長さ
Length of String
ふつうのひも
Medium

むずかしさ
Level of Difficulty
★ ☆ ☆

Witch's Broom

日本には、庭をそうじするときに使う「竹ぼうき」があるよ。

In Japan, we have "a bamboo broom" and use it for cleaning the garden.

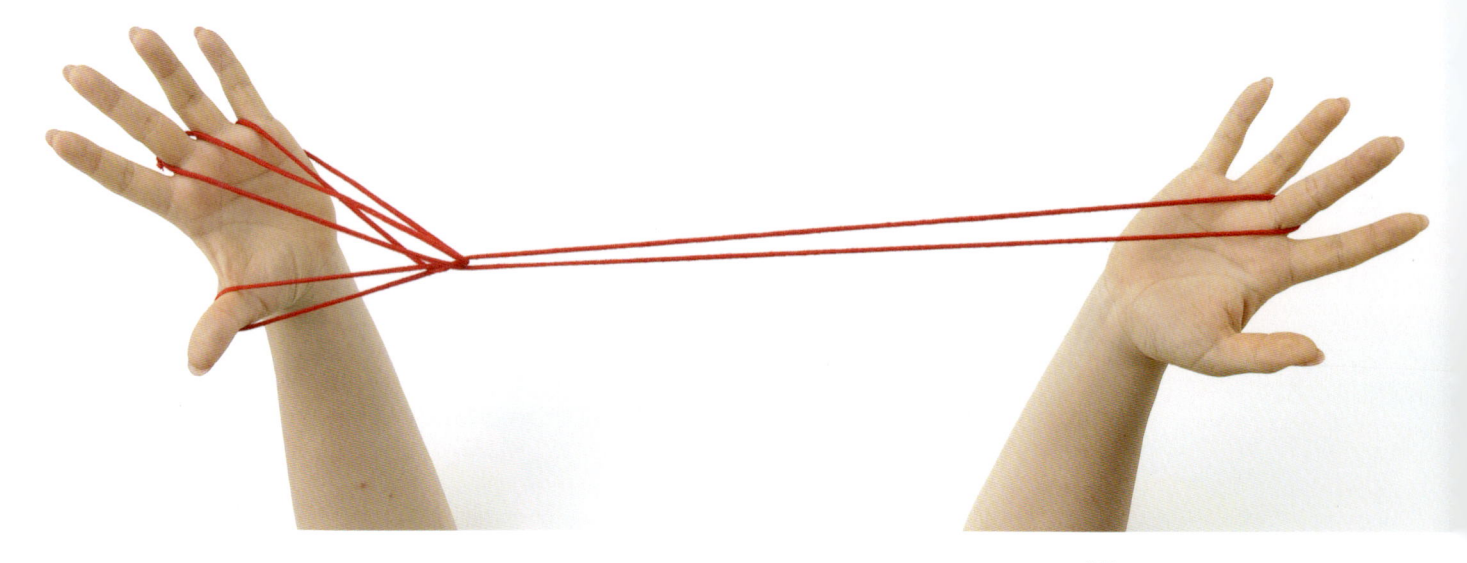

①

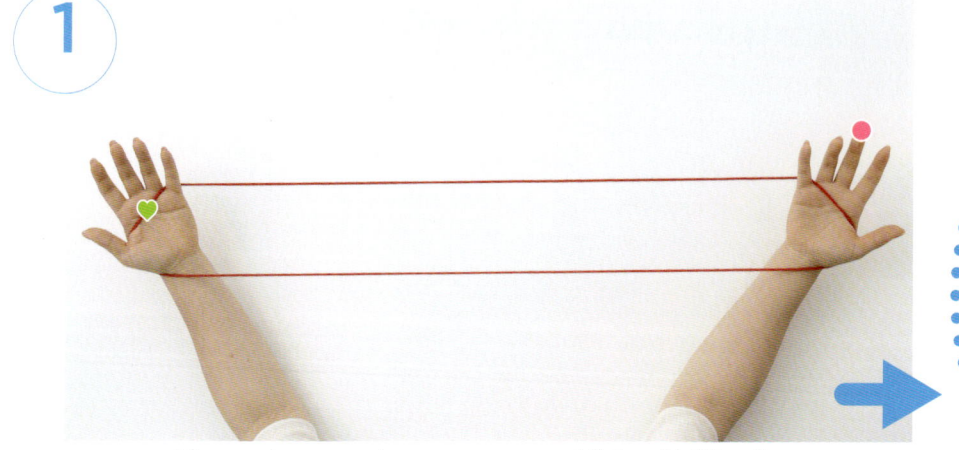

はじめの構え（6ページを見てね）をして、右手の中指の背で♥をとります。

Start with Opening A (see p.6). Right middle takes left palm string ♥ from below.

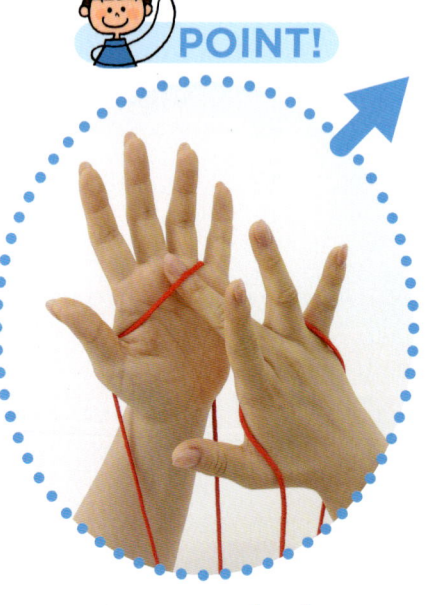

POINT!

とっているとちゅう。
Do like this.

14

2

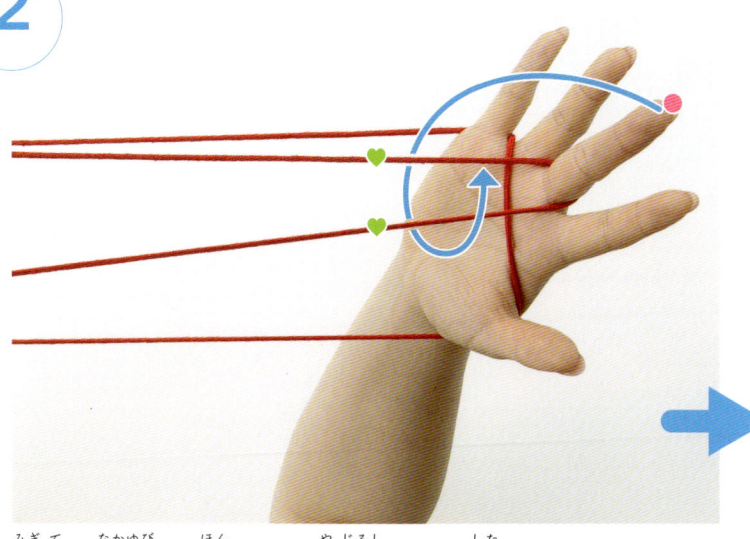

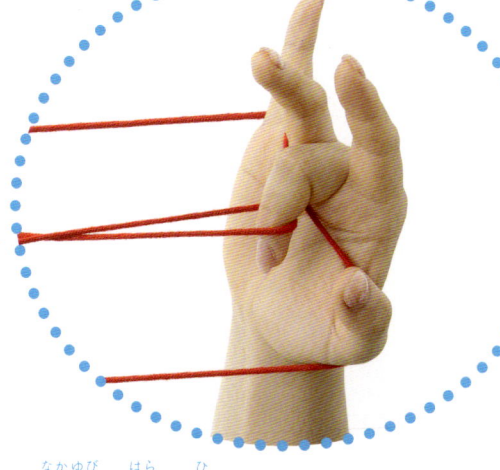

右手の中指で2本の💚を矢印にそって下からすくいながら、
矢印の方向に1回ひねります。

Right middle points down between two strings
around pinkie and rotate in arrow direction 💚.

中指の腹に引っかけるようにして、ひも
がはずれないようにしましょう。

Make sure that right middle is
hooked to prevent slipping.

3

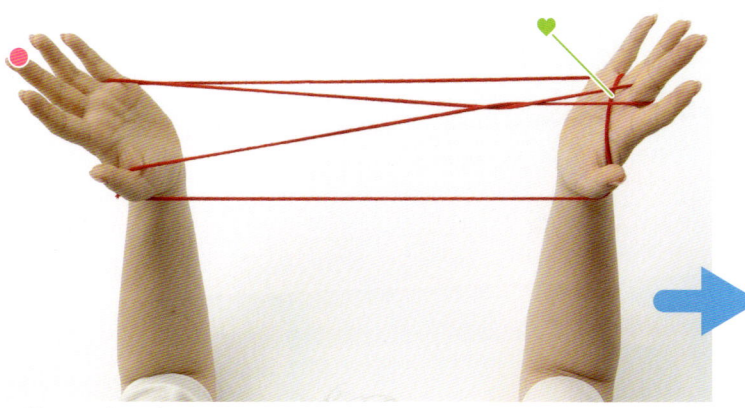

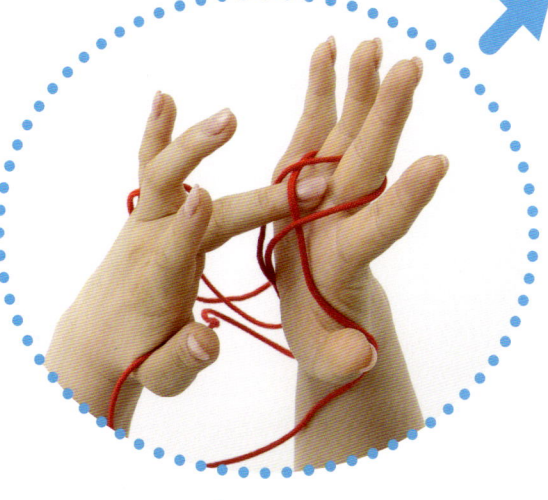

左 手の中指の背で💚をとります。

Left middle takes right palm string 💚 from below.

とっているとちゅう。

Do like this.

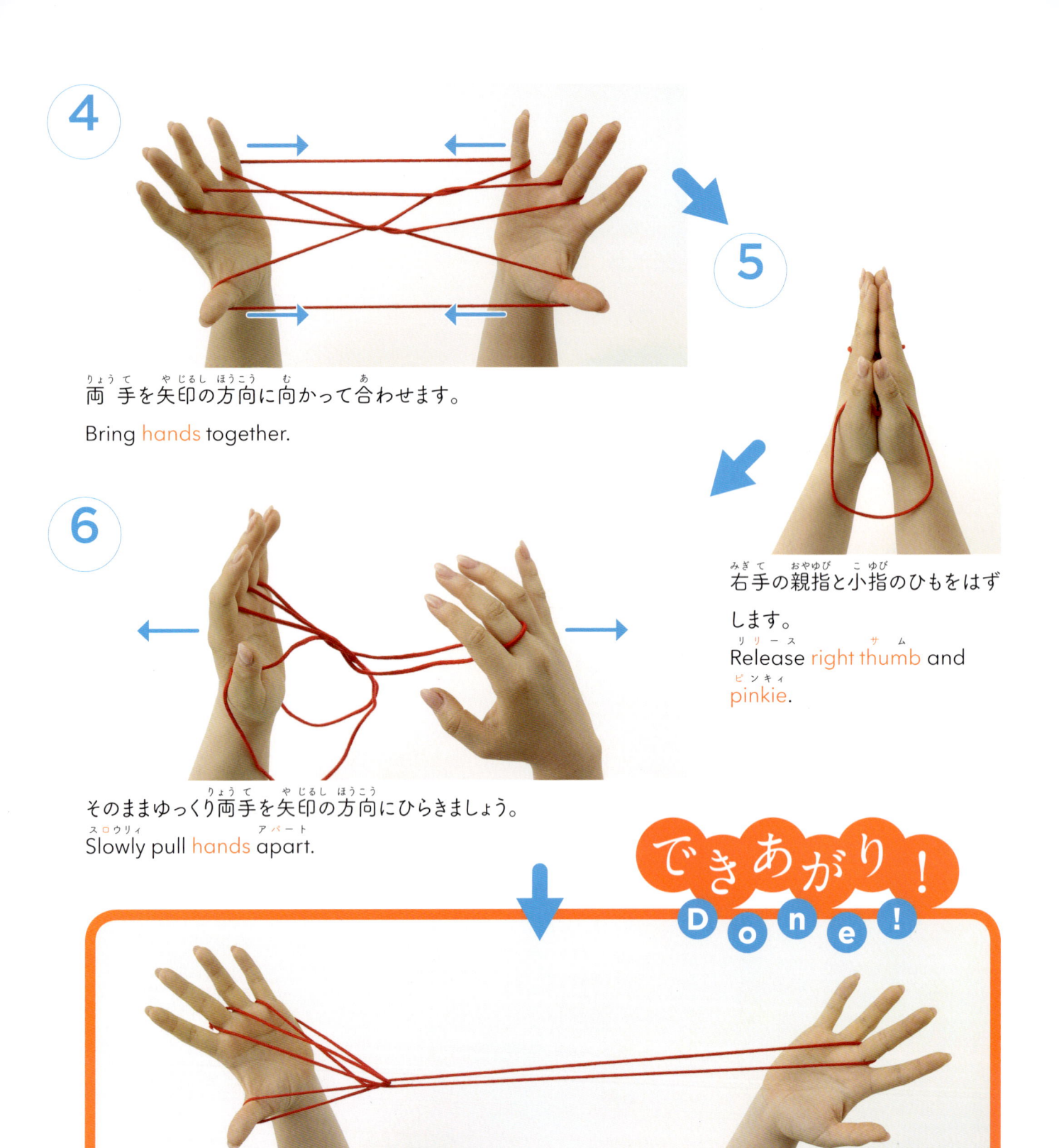

4

りょうて やじるし ほうこう む あ
両手を矢印の方向に向かって合わせます。

Bring hands together.

5

みぎて おやゆび こゆび
右手の親指と小指のひもをはず

します。
リリース サム
Release right thumb and
ピンキィ
pinkie.

6

りょうて やじるし ほうこう
そのままゆっくり両手を矢印の方向にひらきましょう。
スロウリィ アパート
Slowly pull hands apart.

でき あがり！
D o n e !

かんせい
ぱんぱんほうきの完成！
ウィッチズ ブルーム
You have made a "Witch's Broom!"

16

さかずき

Cup and Saucer
ソーサァ

外国では「さかずき」を「カップとお皿」に見立てるよ。

Japanese call this "*Sakazuki* (a small sake cup)" but foreigners call this "Cup and Saucer." フォーリナァズ

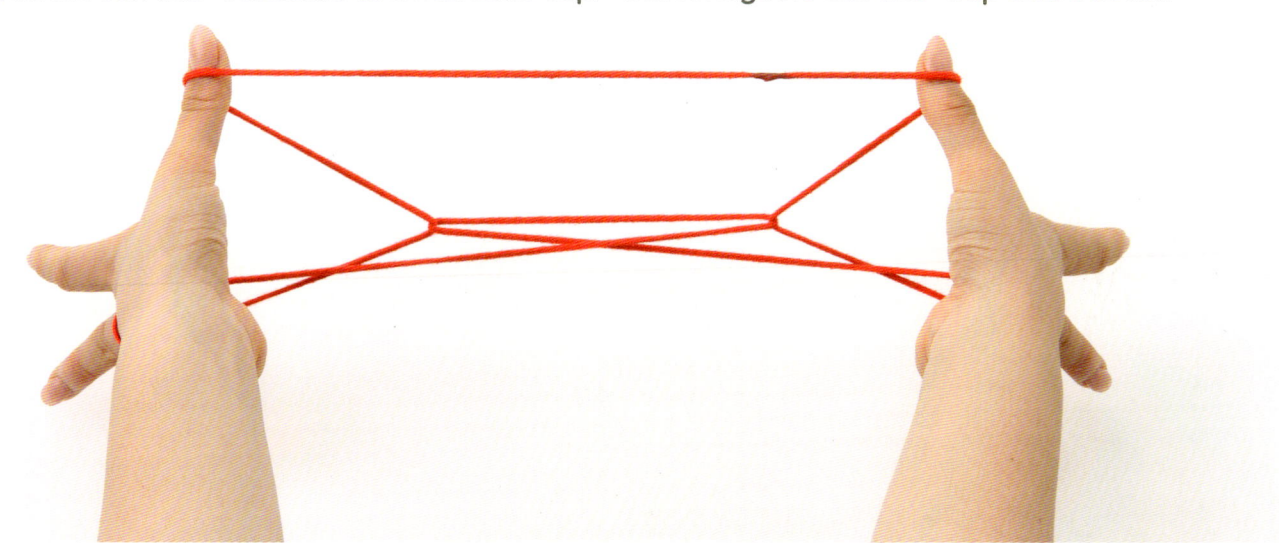

① 1

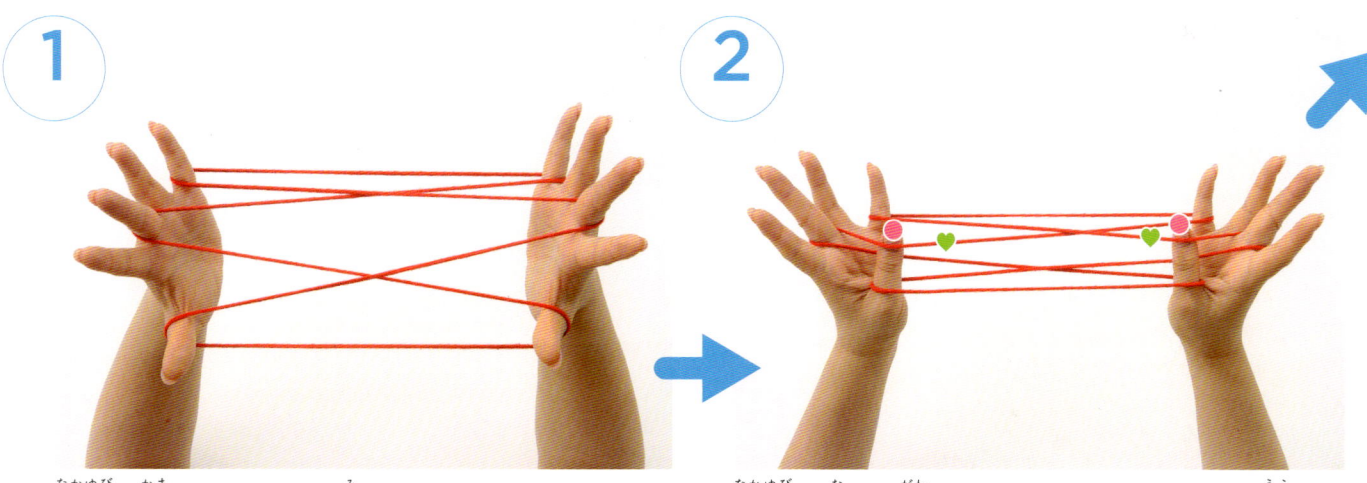

中指の構え（7ページを見てね）からはじめます。

Start with Opening C (See p.7).

② 2

中指の向こう側のひも💚を、ほかのひもの上から両手の親指の背でとります。

Thumbs go over intervening strings and take far middles strings 💚 from below.
インターヴィーニン(グ)　ミドゥルズ　ビロウ

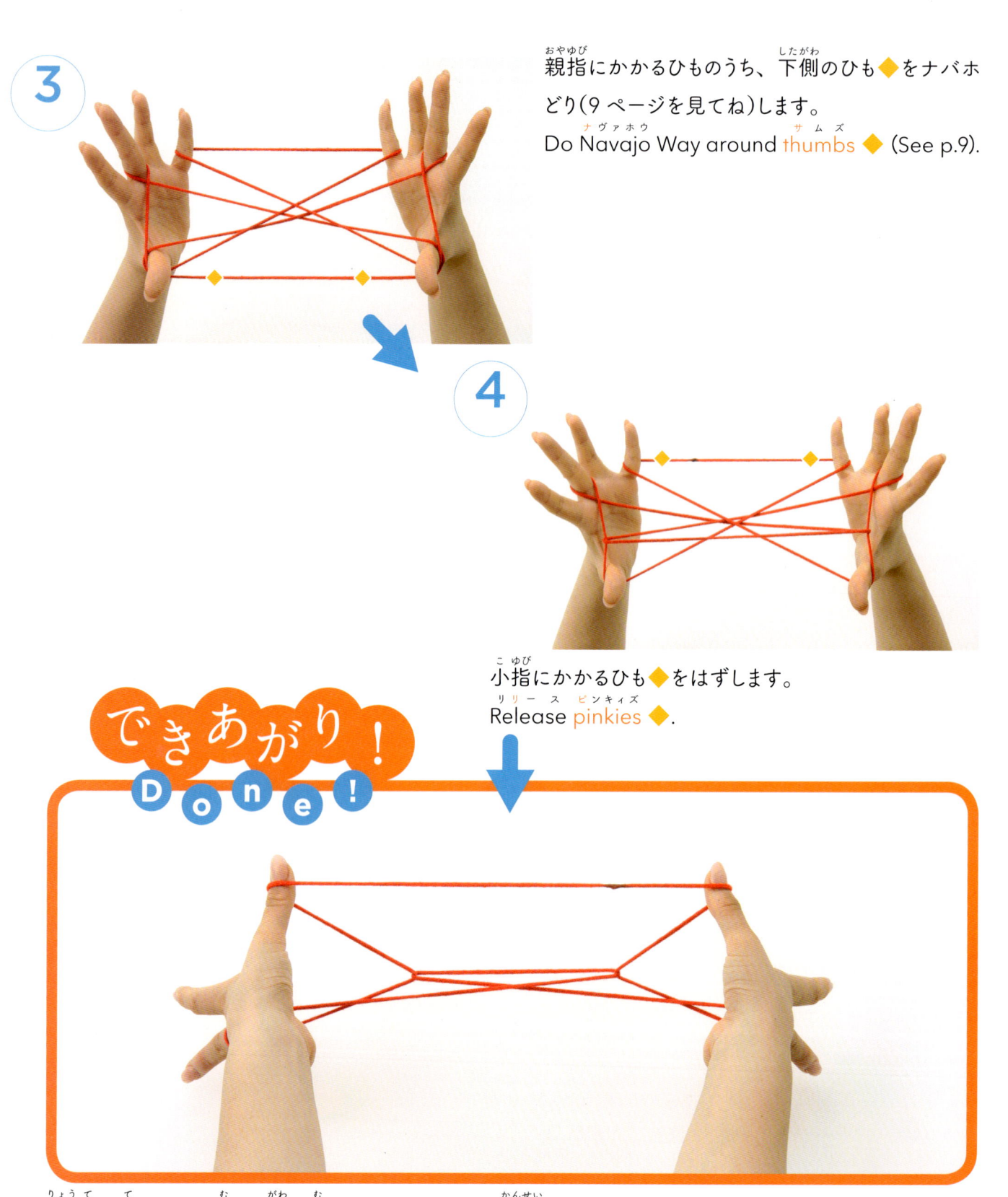

3

親指にかかるひものうち、下側のひも◆をナバホどり（9 ページを見てね）します。

Do Navajo Way around thumbs ◆ (See p.9).

4

小指にかかるひも◆をはずします。

Release pinkies ◆.

できあがり！
Done!

両手の手のひらを向こう側に向ければ、さかずきの完成！

Rotate palms forward and spread fingers apart for "Cup and Saucer!"

ちょうちょ

Butterfly
バタフライ

日本の国ちょうは「オオムラサキ」だって知っているかな。

Did you know Japan's national butterfly is the giant purple butterfly, *Omurasaki*?

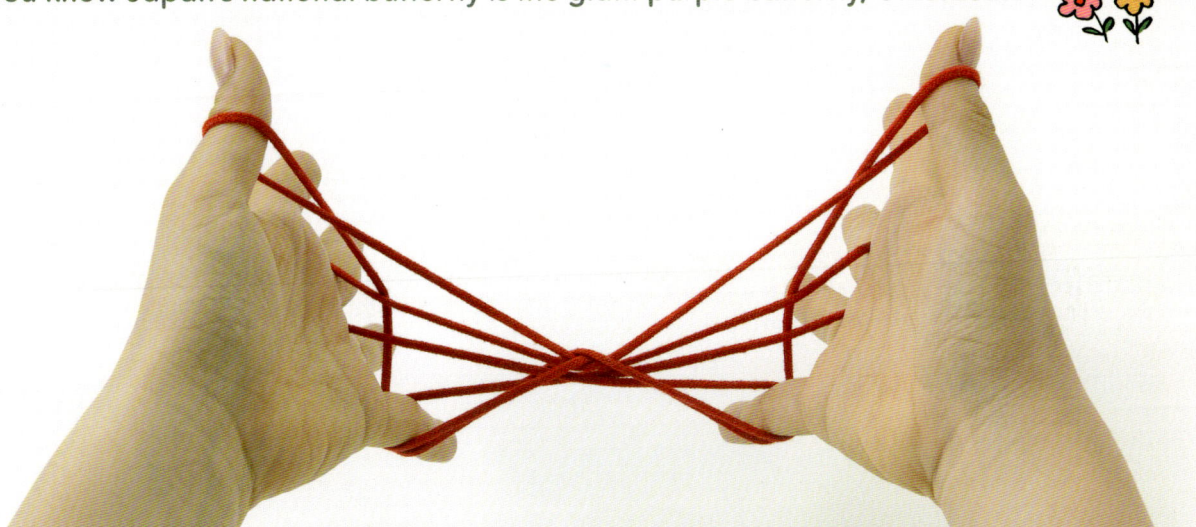

1

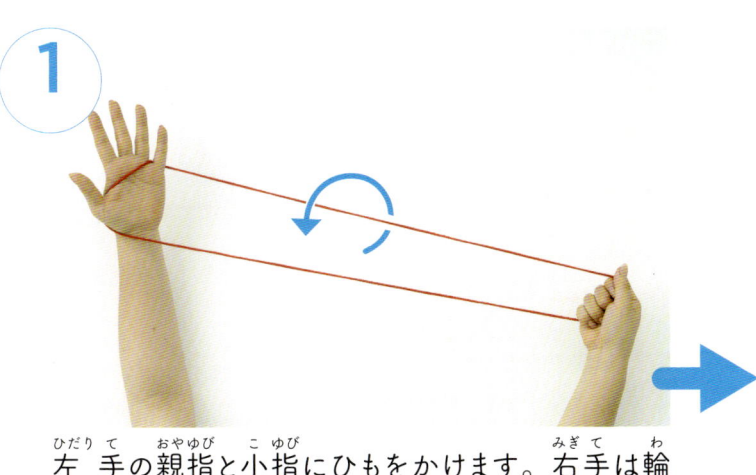

左手の親指と小指にひもをかけます。右手は輪を下からつかみ、矢印の方向に1回ねじります。

Place loop around left thumb and pinkie.

Right hand hold loop from below and rotate loop once in arrow direction.

POINT!

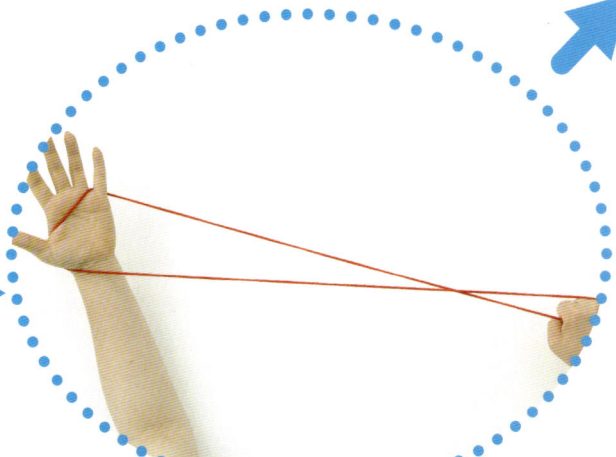

左手の小指にかけたひもが上にきます。

Left pinkie string is above left thumb string.

2

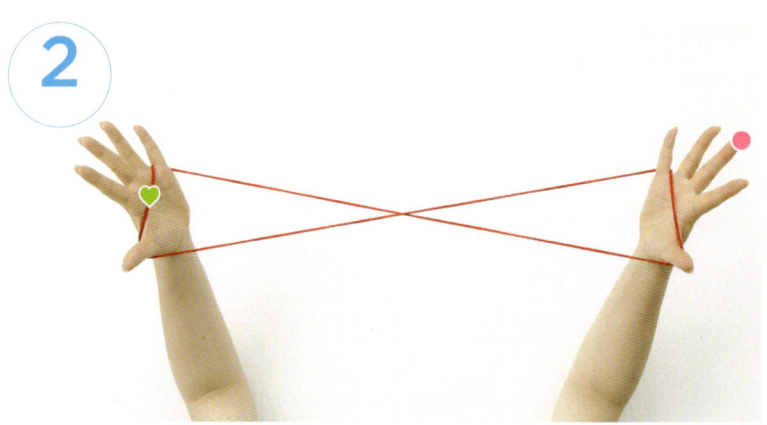

右手の親指と小指にひもをかけ直し、右手の中指の背で
💚をとります。

Place loop around right thumb and pinkie too. Then
right middle takes left palm string 💚 from below.

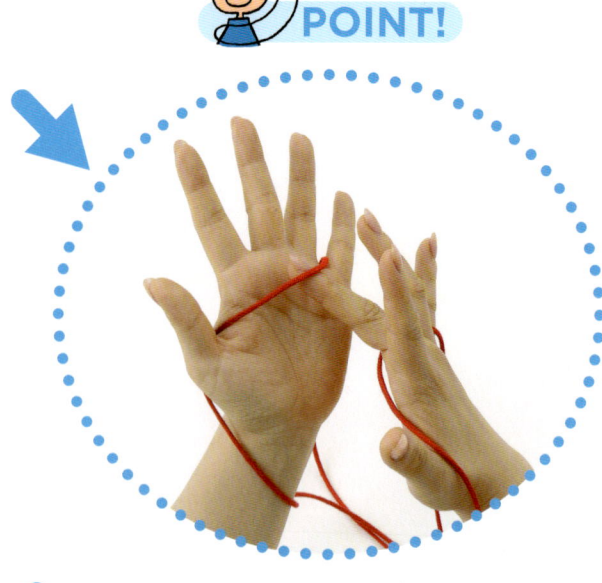

とっているとちゅう。

Do like this.

3

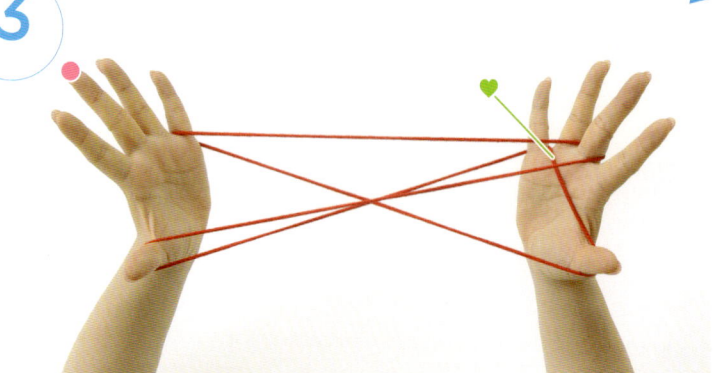

左 手の中指の背で💚をとります。

Left middle takes right palm string 💚 from below.

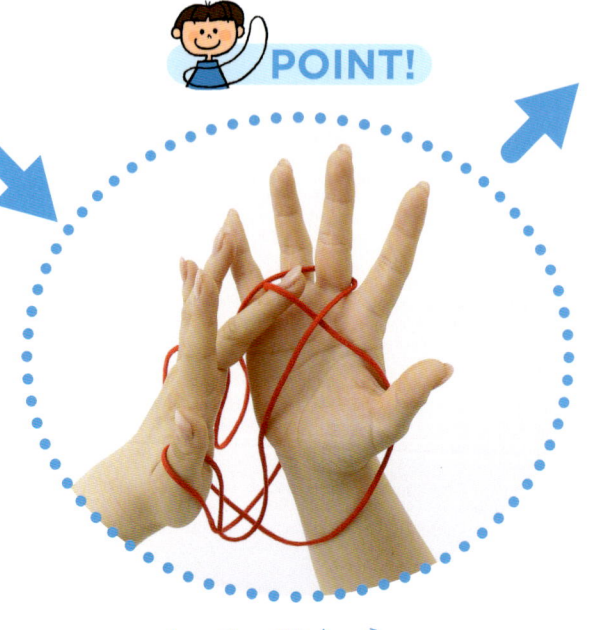

とっているとちゅう。

Do like this.

④

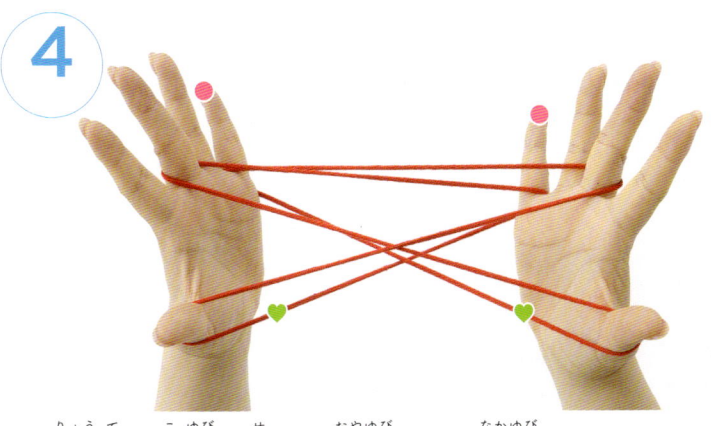

<ruby>両<rt>りょう</rt></ruby> <ruby>手<rt>て</rt></ruby>の<ruby>小指<rt>こゆび</rt></ruby>の<ruby>背<rt>せ</rt></ruby>で、<ruby>親指<rt>おやゆび</rt></ruby>の♥を<ruby>中指<rt>なかゆび</rt></ruby>にかかっているひ

もをまたぐようにしてとります。

Pinkies go over intervening strings and take near

thumb strings ♥ from below.

POINT!

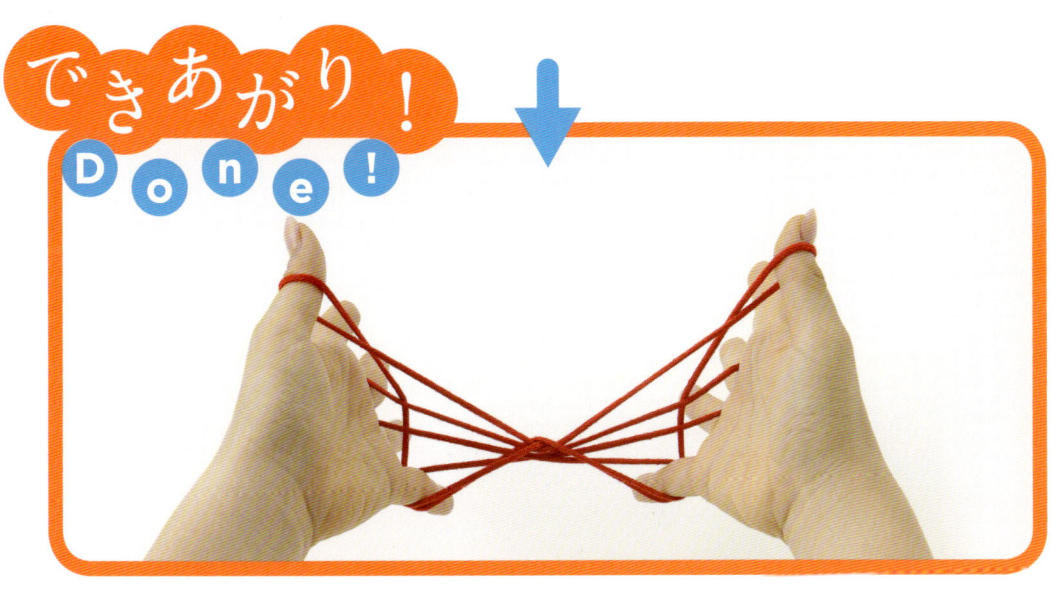

とっているとちゅう。

Do like this.

⑤

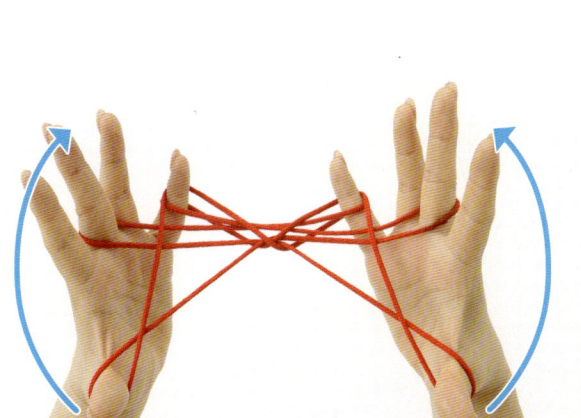

<ruby>親指<rt>おやゆび</rt></ruby>が<ruby>上<rt>うえ</rt></ruby>にくるように、<ruby>両手<rt>りょうて</rt></ruby>の<ruby>指先<rt>ゆびさき</rt></ruby>を<ruby>向<rt>む</rt></ruby>こう

<ruby>側<rt>がわ</rt></ruby>に<ruby>向<rt>む</rt></ruby>けます。

Rotate fingers forward.

できあがり！ Done!

ちょうちょの<ruby>完成<rt>かんせい</rt></ruby>！

You have made a "Butterfly!"

せんす

Folding Fan
フォウルディング　ファン

せんすは日本の
お土産として外国人に人気だよ。

A folding fan is one of the most
popular souvenirs for foreigners.

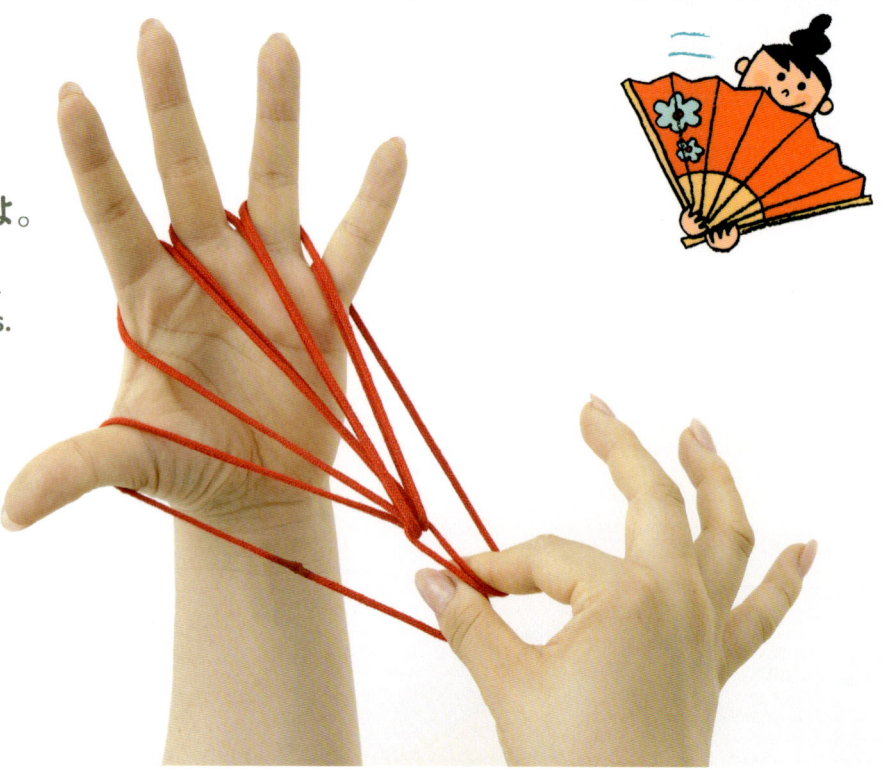

1

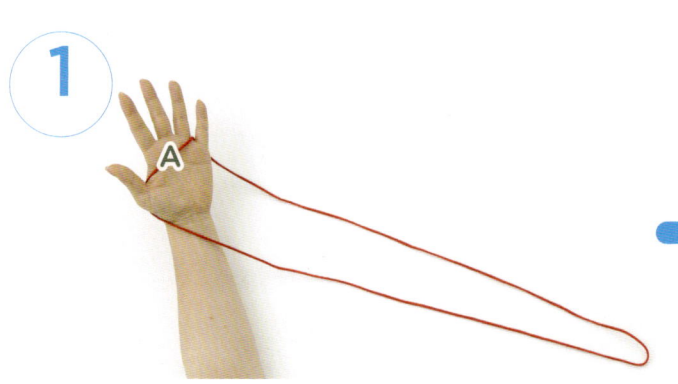

左手の親指と小指の間にひもをかけ、**A**を左手の
中指にかけます。

Place loop around left thumb and pinkie.

Then place string **A** on left middle.

2

ひもの下から右手を★の中に入れ、右手の親指の
腹で♥1を、中指の腹で♥2をとります。

Right hand inserts hanging loop ★ from below.

Right thumb takes string ♥1 between left thumb
and middle from above. Right middle takes string

♥2 between left middle and pinkie from above.

22

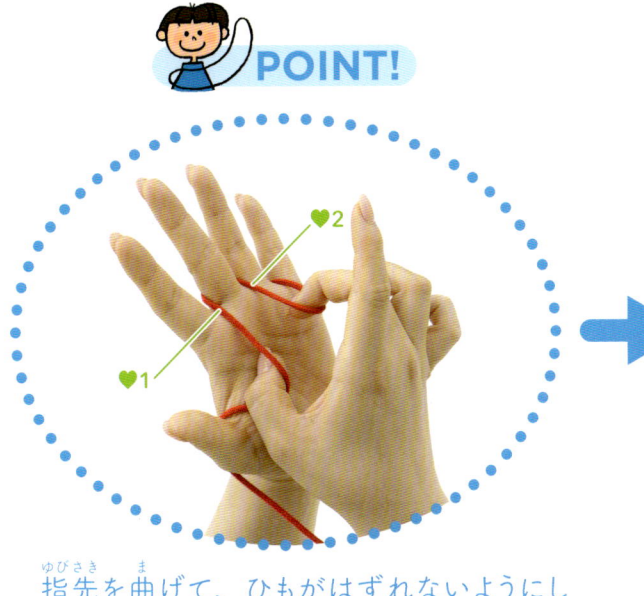

POINT!

指先を曲げて、ひもがはずれないようにし

ながらとりましょう。

Hook right thumb and middle to

prevent loops coming off.

③

ひもを右手側へ引っぱります。とちゅう、輪が右手
の甲を越えていきます。

Pull each loop apart to the right-hand side
and right wrist loop will be released.

④

写真のように右手を引きしめたあと、右手はひもをつかんだまま、
左手の人さし指、中指、薬指をそれぞれ★の中に入れます。

Right wrist loop reaches left palm and right thumb and
middle don't release as shown. Hook left index over own
palm string into right thumb loop ★. Hook left middle
over own palm string between right thumb and middle
loop ★. Hook left ring over own palm string into right
middle loop ★.

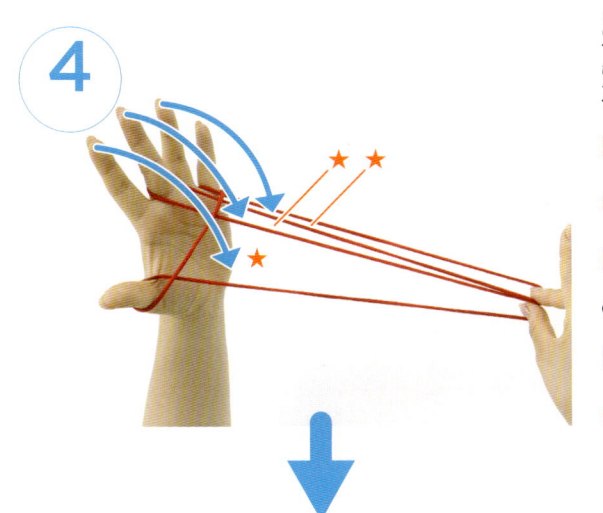

⑤

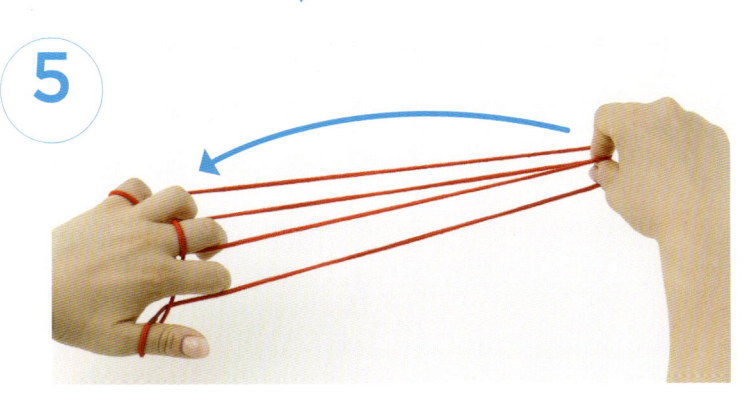

右手でつかんでいるひもを左手の甲の方向へ回
します。このとき、④で★に入れた指が抜けな
いように注意しましょう。

Right thumb and middle loops go to back
of the left hand. Be careful the strings don't
slip off from left index, middle and ring.

6

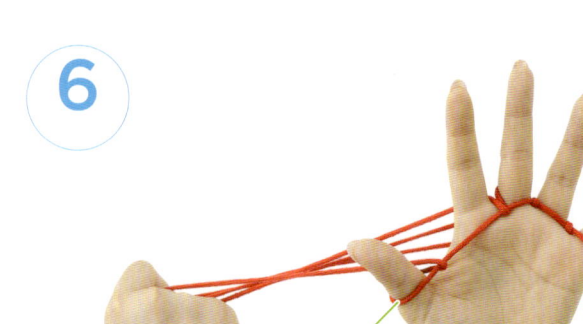

左手をひらき写真のように引っぱったら、右手でつかんでいるひもをはなし、右手の親指の腹で♥1を、人さし指の腹で♥2をとります。

Left fingers spread apart and right thumb and middle pull as shown and then release. Right thumb takes loop ♥1 around left thumb from above and right index takes loop ♥2 around left pinkie from above.

指先を曲げて、ひもがはずれないようにしながらとりましょう。

Hook right thumb and index to prevent loops coming off.

ひもを下まで引っぱります。

Pull each loop apart to right-hand side.

7

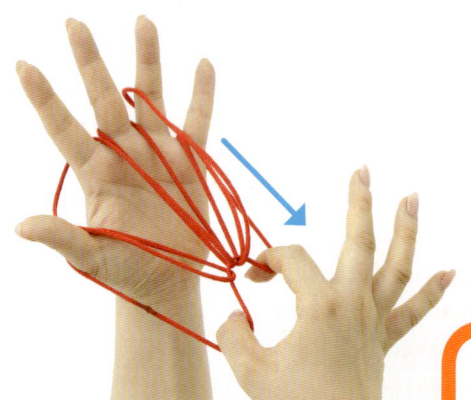

でき あがり！
Ｄｏｎｅ！

右手の親指と人さし指をくっつければ、せんすの完成！

Join right thumb and index together and you have made a "Folding Fan!"

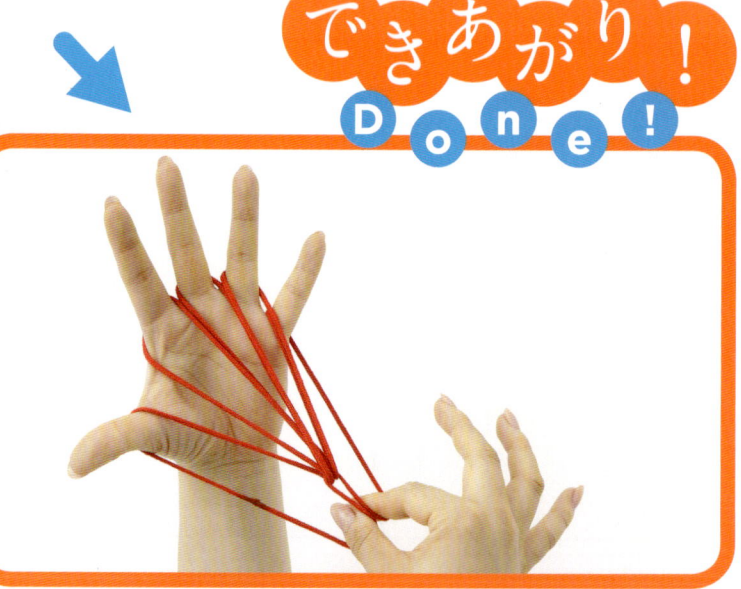

富士山
Mt. Fuji

ひもの長さ Length of String	ふつうのひも Medium
むずかしさ Level of Difficulty	★☆☆

ふ じ さん
にほんいちたか やま
富士山は日本一高い山だよ。

Mt. Fuji is the highest mountain in Japan.

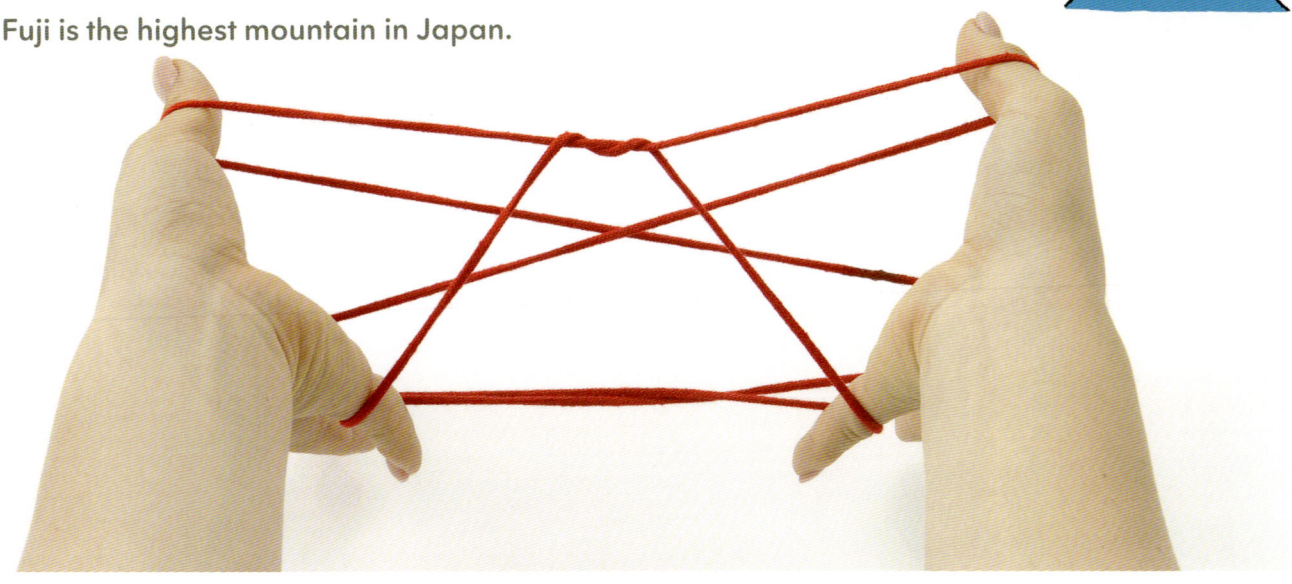

①

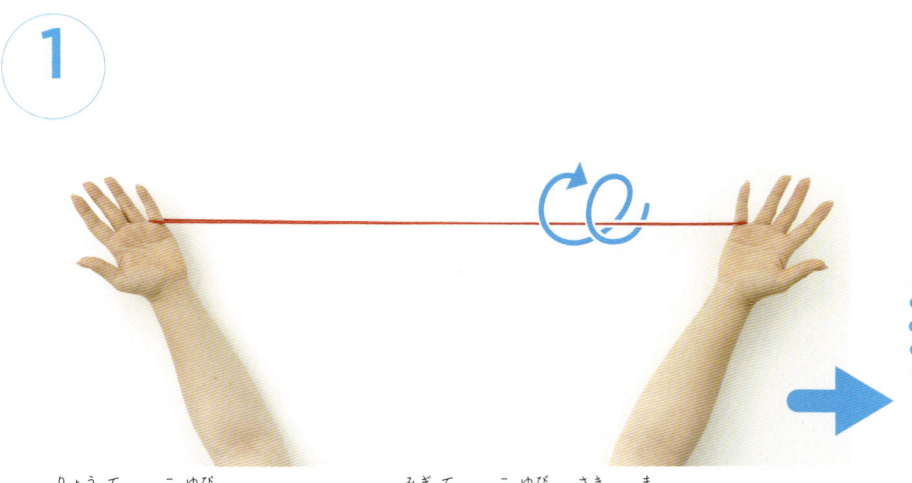

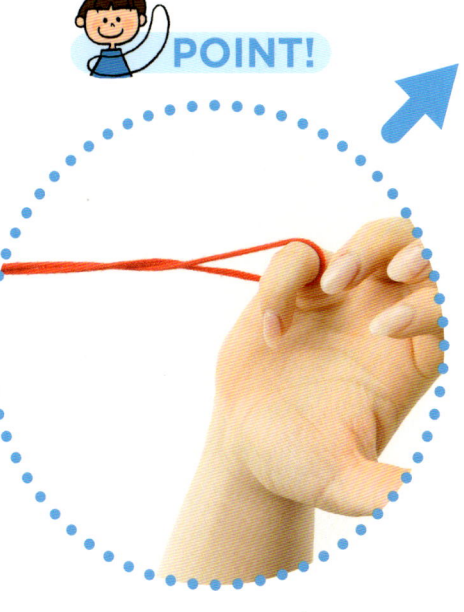

りょうて こ ゆび みぎて こゆび さき ま
両手の小指にひもをかけ、右手の小指の先を曲げて、ひもをつ
や じるし ほうこう かい
かむように矢印の方向に2回ひねります。

Place loop around pinkies and right pinkie is hooked as if
holding loop and rotate twice in arrow direction.

ひねっているとちゅう。
Do like this.

2

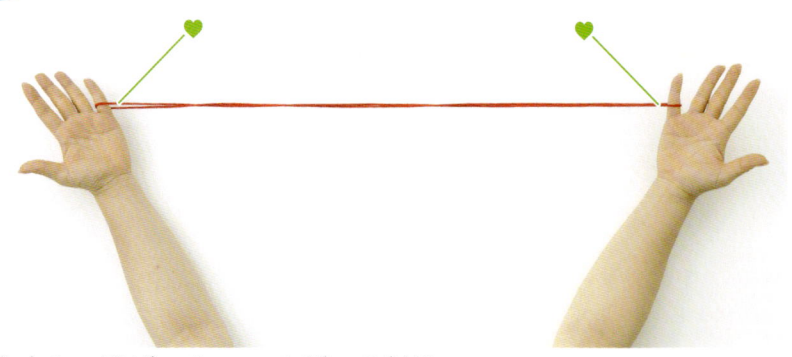

両手の親指の背で、小指の手前側の💚をとります。
Thumbs take near string of loop 💚 from below.

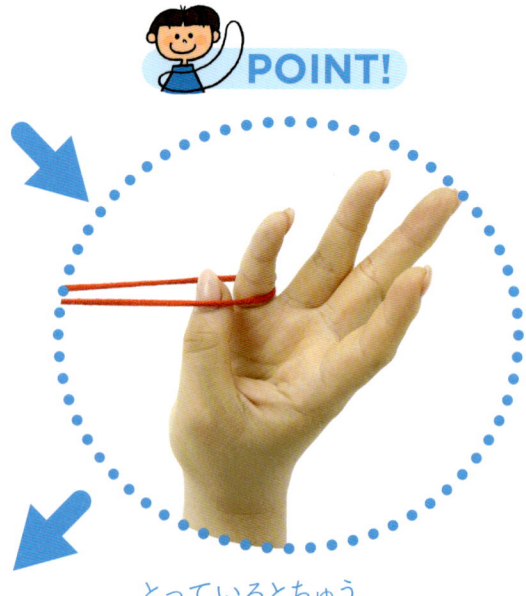

POINT!

とっているとちゅう。

Do like this.

3

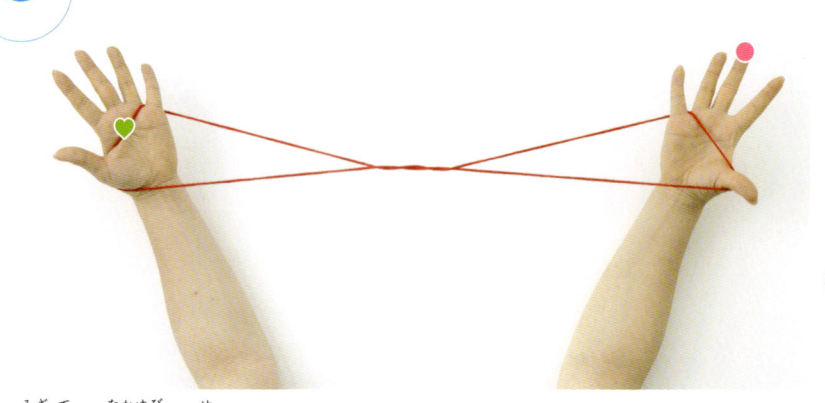

右手の中指の背で、💚をとります。
Right middle takes left palm string 💚 from below.

POINT!

とっているとちゅう。

Do like this.

26

4

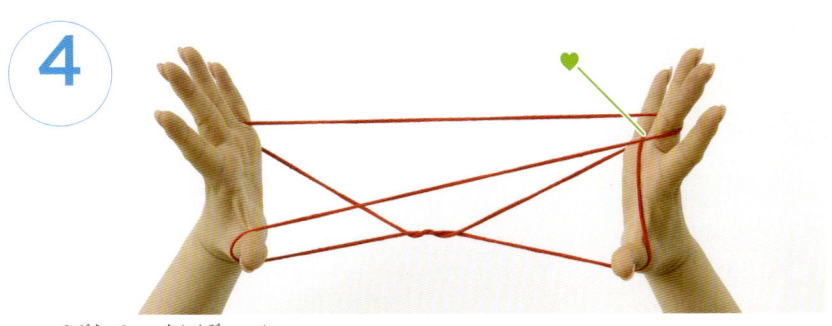

左手の中指の背で、💚をとります。

Left middle takes right palm string 💚 between right middle loop from below.

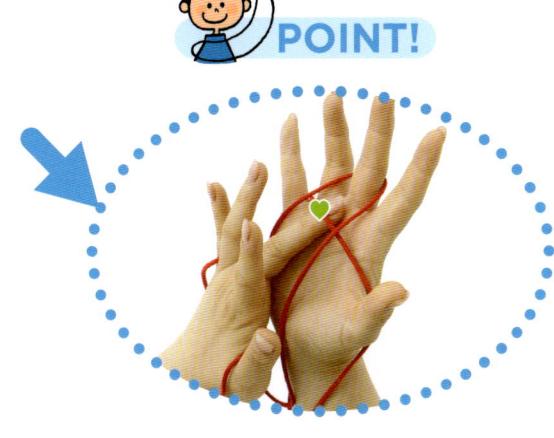

とっているとちゅう。

Do like this.

5

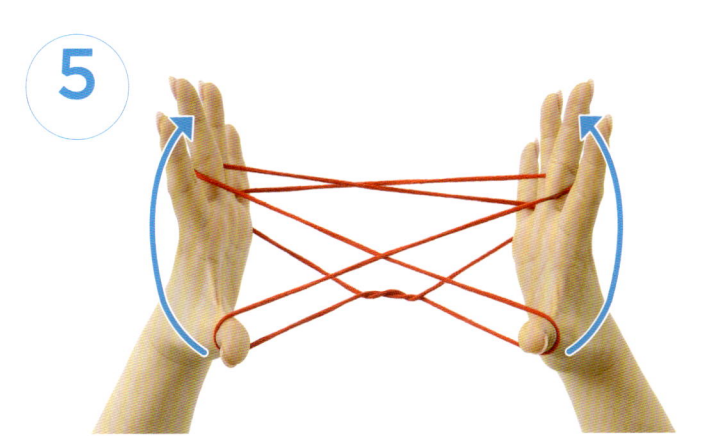

手のひらを左右に動かしながら、両手の親指の間のねじれている部分の位置を真ん中に動かしましょう。両手の親指をひらきながら指先を矢印の方向へ向けます。

スプレッド　　　　アパート　　　　トゥウィスティド
Spread fingers apart to move twisted string

ネセセリィ
back to the center if necessary. Both palms ro-

フォーワド　　　　　　　ストゥレッチ アウトゥワド
tate forward and both thumbs stretch outward.

You can see the top of Mt. Fuji.

できあがり！
Done!

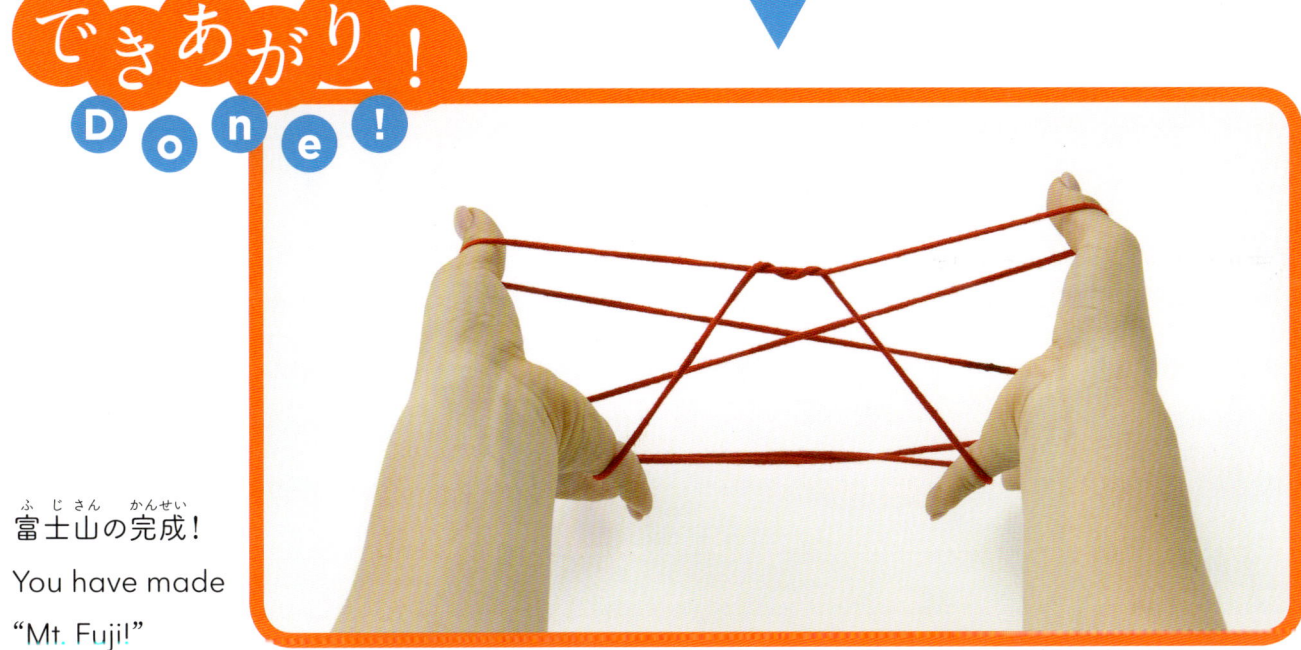

富士山の完成！

You have made "Mt. Fuji!"

きらきら星

Twinkle, Twinkle, Little Star

冬は星がきれいに見えるね。

We can see the stars so clearly in winter.

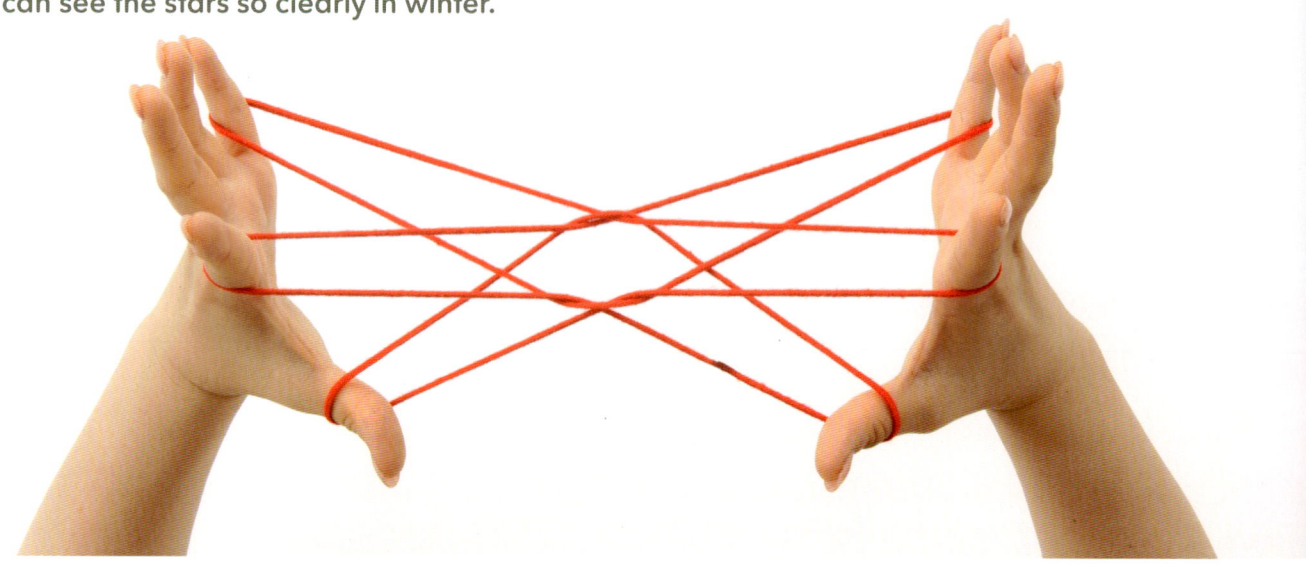

1

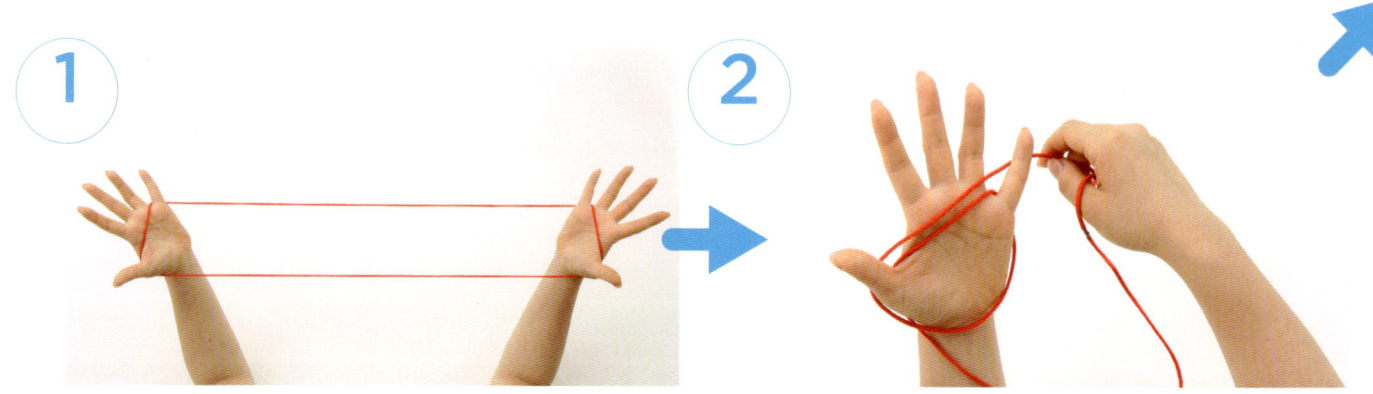

はじめの構え（6 ページを見てね）からはじめます。

Start with Opening A (See p.6).

2

小指側のひもを右手でつかみ、写真のように左手
の親指と小指の間に、1回まきつけます。反対側も
小指側のひもを左手でつかみ同じようにまきつけます。

Right hand holds string around left pinkie and
makes loop around left thumb and pinkie as
shown. Do the same on the other side.

③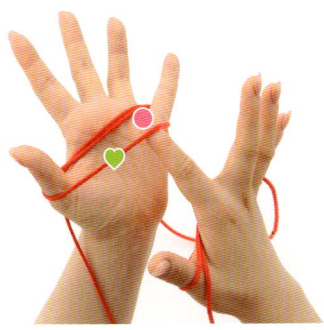

左手にまきつけたひもの中で、親指と小指の下を通っているひも💚を、右手の人さし指の背でとります。反対側も同じようにとります。

Right index takes lower string 💚 of loop around left thumb and pinkie from below. Do the same on the other side.

④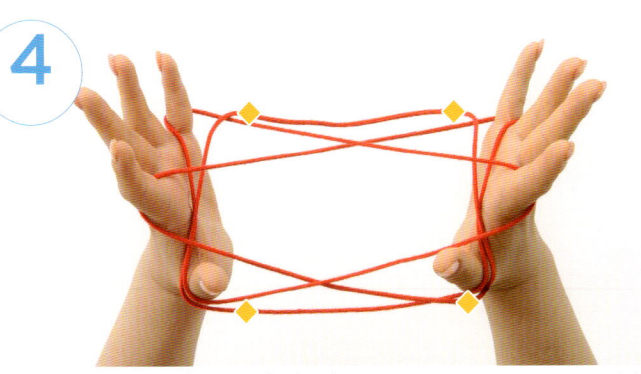

両手の小指と小指の間にかかるひも🔶のうち、下側のひもをナバホどり（9ページを見てね）します。両手の親指も同じようにナバホどりします。そして両手を広げます。

Do Navajo Way around pinkies 🔶 (See p.9).

Do the same around both thumbs 🔶. Then pull hands apart.

できあがり！ Done!

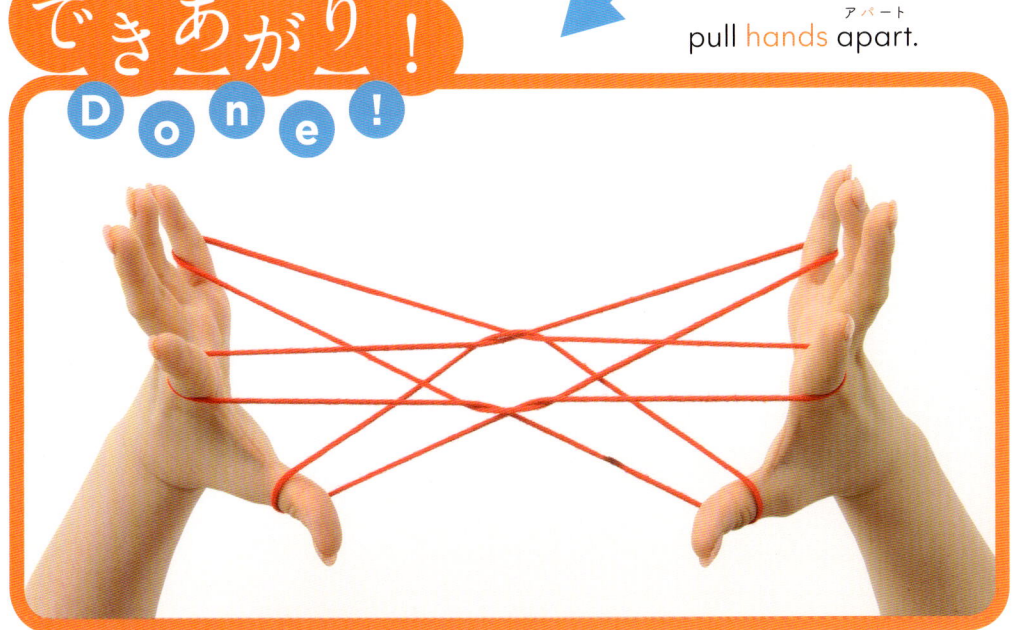

きらきら星の完成！

You have made "Twinkle, Twinkle, Little Star!"

か

モ ス キ ー ト ゥ
Mosquito

なつ　 げん き　　　　　 むし
夏、元気になる虫。ささされるとかゆい！

インセクト　 エヴリフウェア　　　　　　　　　　　　　　 バイツ　　　 イチィ
This insect is everywhere in summer. If it bites you, so itchy!

①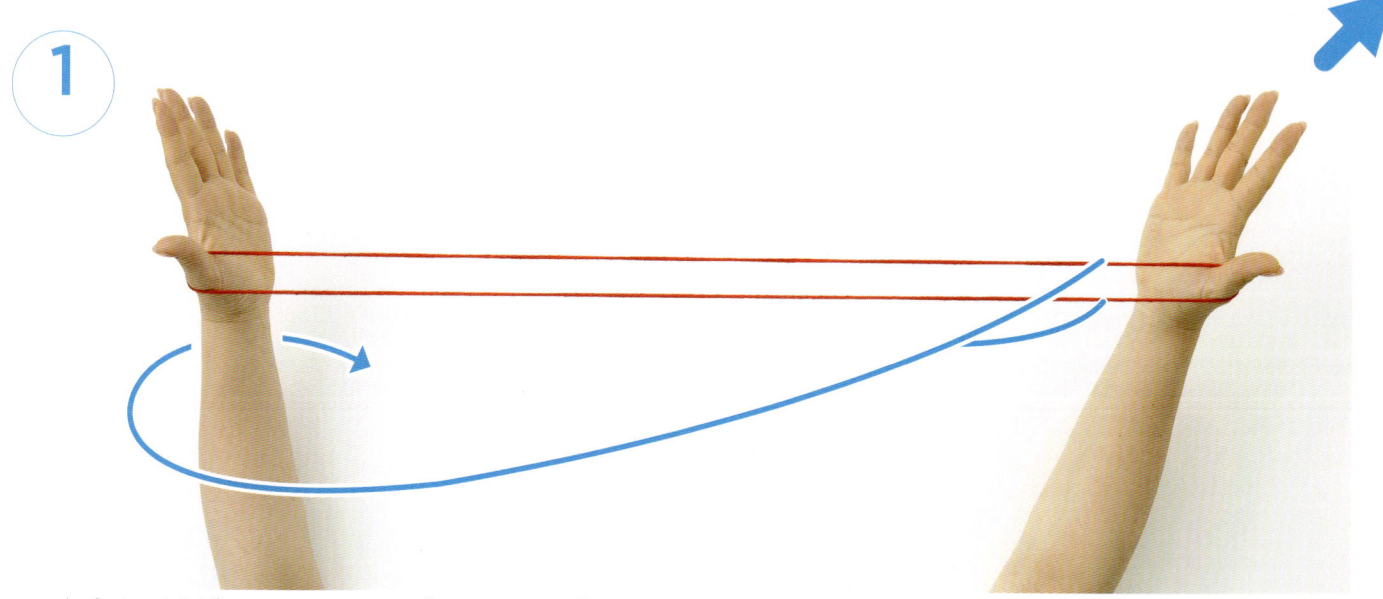

りょう て　　 おやゆび　　　　　　　　　　　　 みぎて　　　 ひだりて　 てくび　やじるし ほうこう
両 手の親指にひもをかけ、右手のひもを左手の手首に矢印の方向にまきつけます。

ループ　　　　　 サムズ　　　　　　　　　 ラップス　　　　　　 リスト
Place loop around thumbs. Right thumb wraps loop around left wrist as shown.

30

②

右手の小指の背で、矢印の方向から左手の甲の♥2本をとります。

Right pinkie takes two strings ♥ around left wrist from above.

 **POINT!**

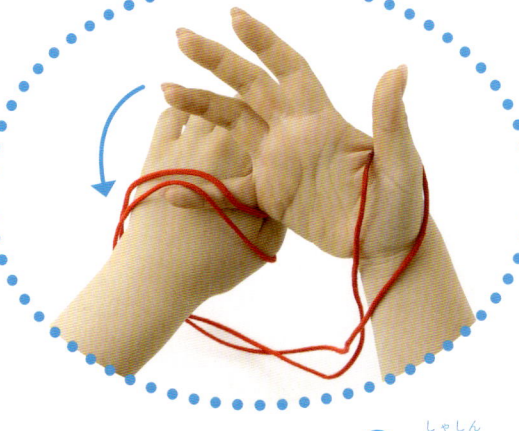

とっているとちゅう。とったら③の写真のように左手の手のひらを上に向け、右手を引いてひもをピンとはります。

Do as shown in picture ③, raise left palm upward and pull right hand back to straighten string.

③

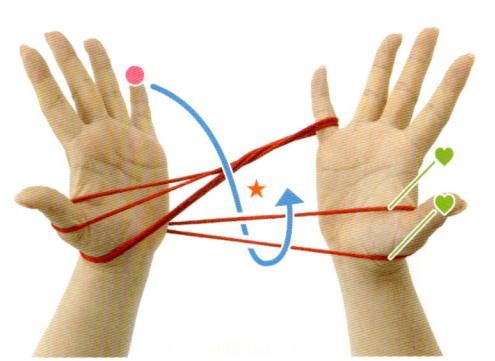

左手の小指をほかのひもの上から★に入れ、2本の♥をすくいとります。

Insert left pinkie between right pinkie loops and thumb loop ★ and take thumb loop ♥ from below.

 **POINT!**

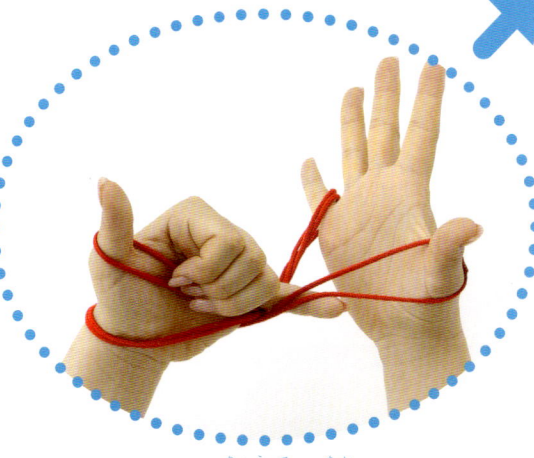

とりにくいときは、両手を近づけてひもをゆるめましょう。

To make it easier, bring hands slightly together.

4

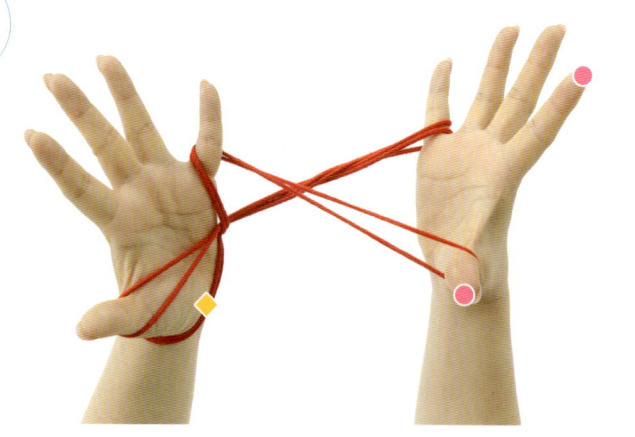

2本の◆を右手の親指と人さし指でつまみます。

Right thumb and index pinch two strings

◆ around left wrist loop.

5

左　手首から人さし指と親指でつまんだ2本の

◆を、矢印の方向へ回し、手首からはずしま

す。

Lift them ◆ over left hand.

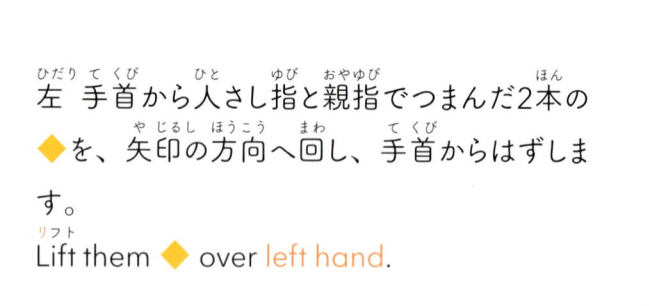

6

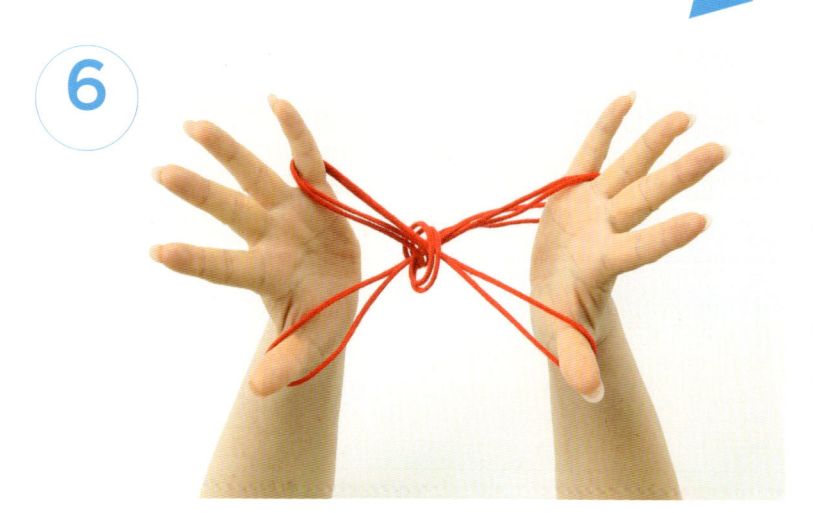

右手の人さし指と親指でつまんでいるひもを

はなし、両手を広げて結び目を真ん中につく

ります。 あそびかた にはここからつづきます。

Release right thumb and index and then

pull both hands apart to make a knot in

the center. To enjoy even more, see "How

to Play."

7

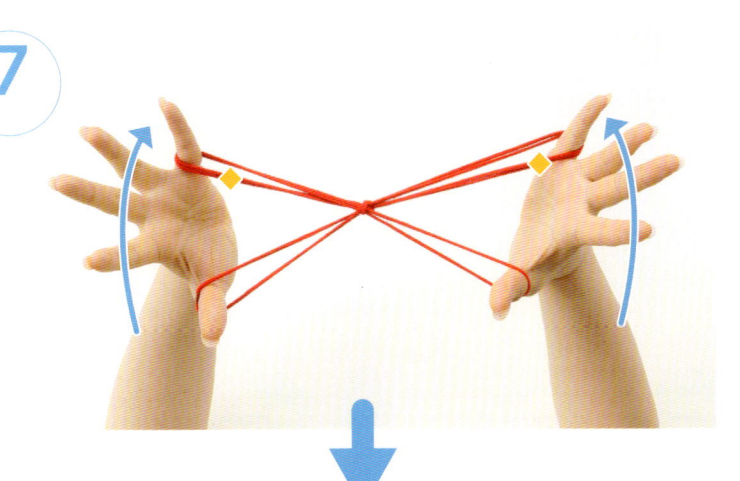

小指にかかっている◆をすべてはずし、手の
ひらを向こう側に向けます。
Release both pinkies loops ◆ and rotate
palms forward.

できあがり！ Done!

「か」の完成！ 紙
などにおき、写真
のように顔を描い
てみましょう。
You have made
a "Mosquito!"
Lay on paper
and then draw
eyes and mouth
as shown.

あそびかた How to Play

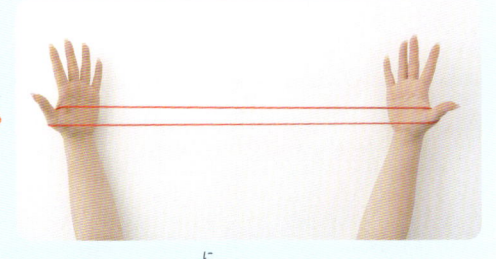

⑥から「か」を叩くように両手をパチンと閉じて、小指に
かかるひもを全部はずし、両手を矢印の方向に引っぱります。
Start with ⑥ position. Clap hands as if slapping
mosquito. Release pinkies and pull hands apart.

「か」がするりと逃げてしまいました！
"Mosquito" has slipped out of your
hands and escaped!

Part 2

チャレンヂン（グ）　ストゥリン（グ）　フィギュァズ
Challenging String Figures

ひとりでできる
チャレンジあやとり

あやとりは
約400年前には
あったんだよ。
String figures
オリヂネイティド
originated about
400 years ago.

すごい！
Amazing!

菊
Chrysanthemum

ひもの長さ
Length of String
ふつうのひも
Medium

むずかしさ
Level of Difficulty ★★★

菊は日本の国花だよ。50円玉の表には菊がデザインされているよ。

The chrysanthemum is the national flower of Japan. You can see it on a 50 yen coin.

1

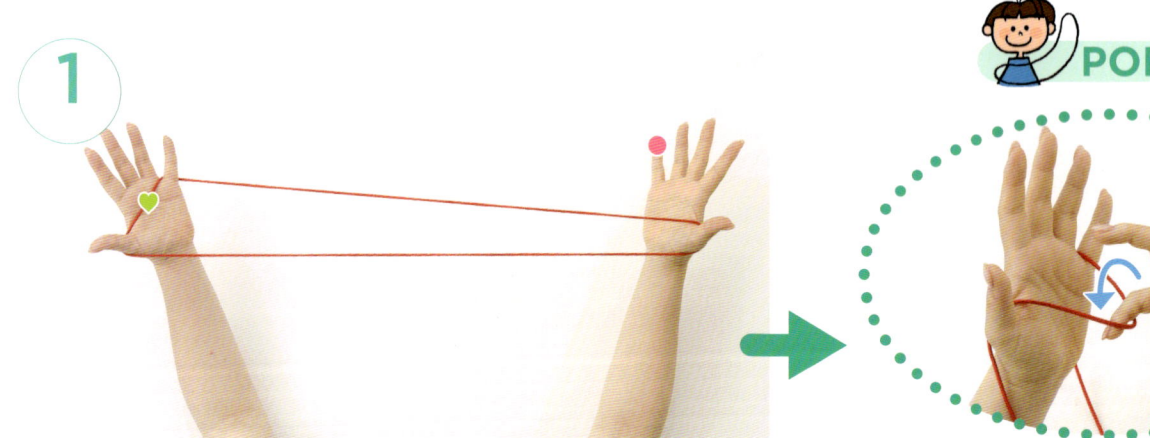

左手の親指と小指にひもをかけ、右手の親指にひもをかけます。右手の小指の腹で♥をとります。

Place loop around left thumb and pinkie. Place loop around right thumb and then right pinkie takes left palm string ♥ from above.

指の根元でとると、ひもが動かしづらくなるので、小指の真ん中でとりましょう。

Make sure that you use the center of right pinkie, not the base, when taking left palm string.

2

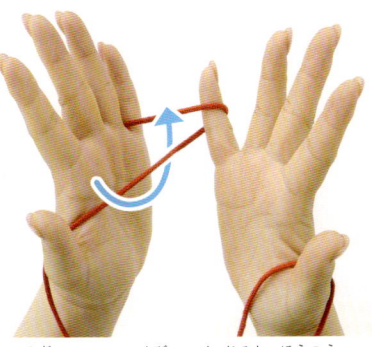

ひもをとった右手の小指を矢印の方向に1回ひねる
ようにして立て、ひもをピンとはります。

Right pinkie twists once in arrow direction and
then stands up. Pull hands apart to straighten
string.

3

両手の人さし指の背で、♥をとります。
Indexes take near pinkie string ♥ from below.

4

右手の中指の背で♥1を、左手の中指の背で♥2
をとります。

Right middle takes left string ♥1 around left
index and pinkie from below. Left middle
takes right string ♥2 around right index and
pinkie from below.

5

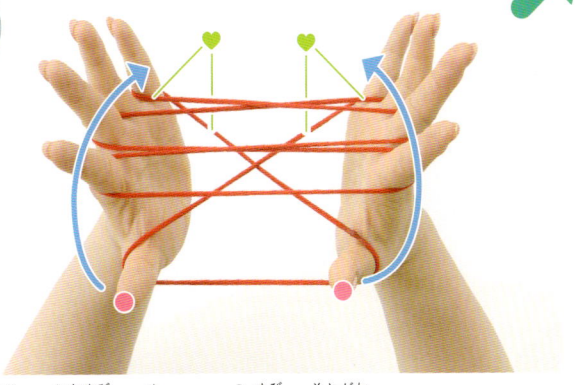

両手の親指の背で、小指の外側の♥を、ほかの
ひもの上からとります。

Thumbs go over intervening strings and take
far pinkies strings ♥ from below.

写真をよく見て、とるひもを間違えないようにしましょう。人さし指、中指、薬指にかかっているひもを、親指の腹で押さえこむようにするとうまくとれます。

Look at photo carefully. Don't take wrong string. Make sure that thumbs push intervening strings to do it correctly.

6

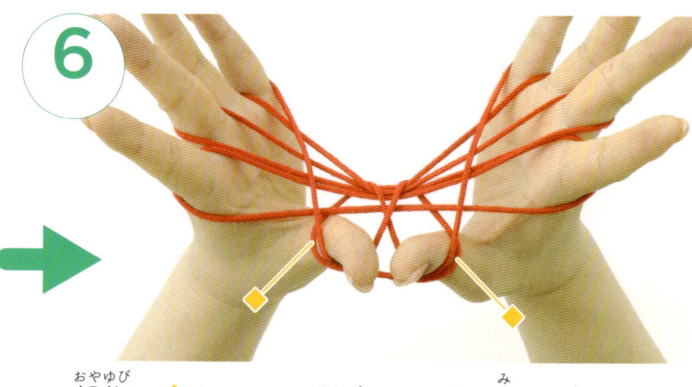

親指の◆をナバホどり（9ページを見てね）します。片手ずつはずすとうまくいきます。

Do Navajo Way around thumbs ◆ (see p.9).

Do it one hand at a time.

7

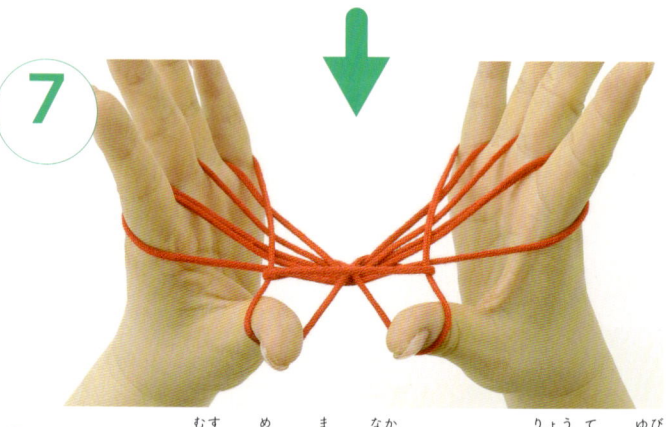

結び目が真ん中にくるように両手の指を広げ、すべてのひもを指からはずしたら、ゆっくりと平らなところにおきます。

Spread fingers apart to place knot in the center and then release all fingers carefully and lay on a flat surface.

できあがり！ Done!

菊の完成！

You have made a "Chrysanthemum!"

7つのダイヤモンド

ひもの長さ レン(グ)ス ストゥリン(グ) Length of String	ふつうのひも ミーディアム Medium
むずかしさ レヴェル ディフィカルティ Level of Difficulty	★★★

Seven Diamonds
ダイアモンズ

きらきら光るダイヤモンドはとてもきれい！
ブリリャント
A brilliant diamond is so beautiful!

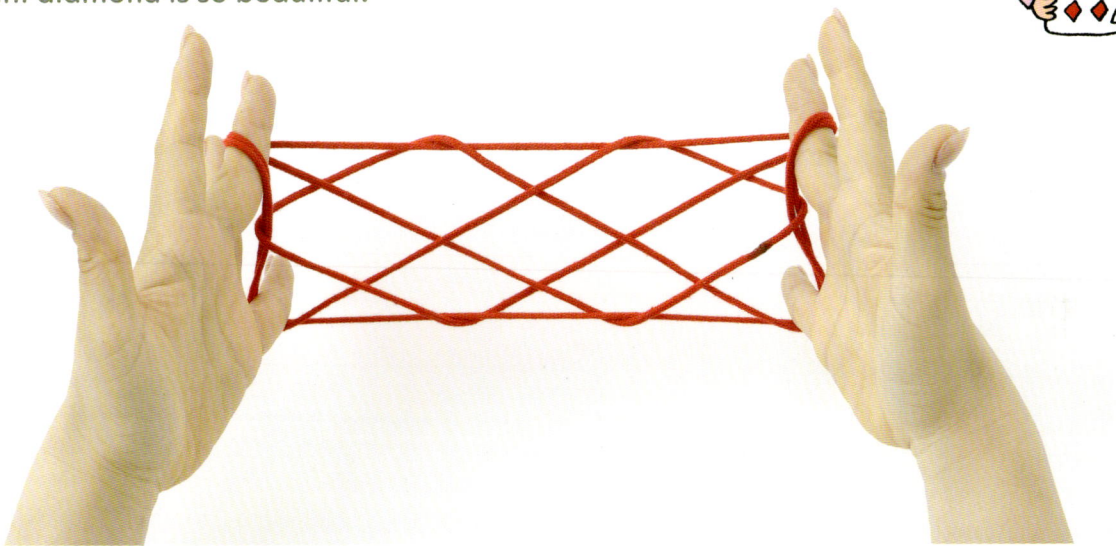

①

POINT!

中指の構え（7ページを見てね）からはじめます。両手の親指を、ほかの
ひもの上から★の中に入れ、親指の背で♥を★から引き出すようにとります。
Start with Opening C (See p.7). Thumbs go over intervening
strings and insert middles loop ★ and take near pinkies strings
♥ from below and bring them back.

中指にかかるひもを間違ってとっ
てしまわないように注意しましょう。
Make sure that thumbs don't
take far middles strings.

2

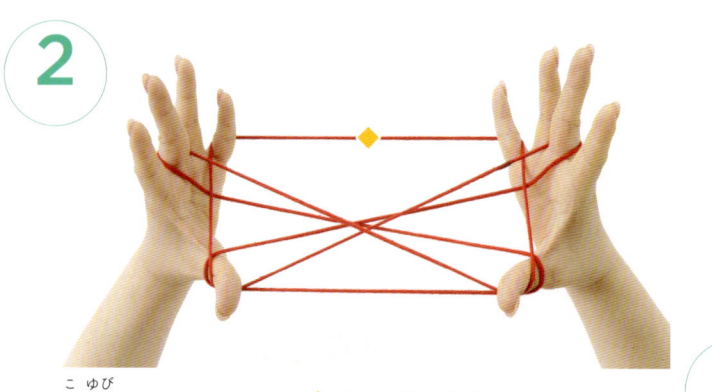

小指にかかっている◆をはずします。
Release pinkies ◆.

3

両手の小指の背で、中指のひもをまたぐように♥をとります（写真の形くらいのひもの引き具合にすると、♥がとりやすくなるよ）。

Pinkies go over middles loops and take far thumbs strings ♥ from below. Pulling hands apart makes it easier, as shown.

POINT!

ひもは2本ともとりましょう。

Make sure that pinkies take two strings.

4

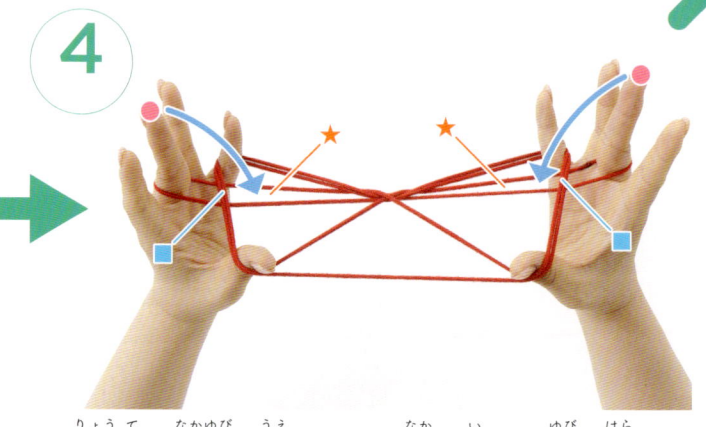

両手の中指を上から★の中に入れ、指の腹で■を押さえます。
Hook middles over palm strings ★ and hold them ■ firmly.

5

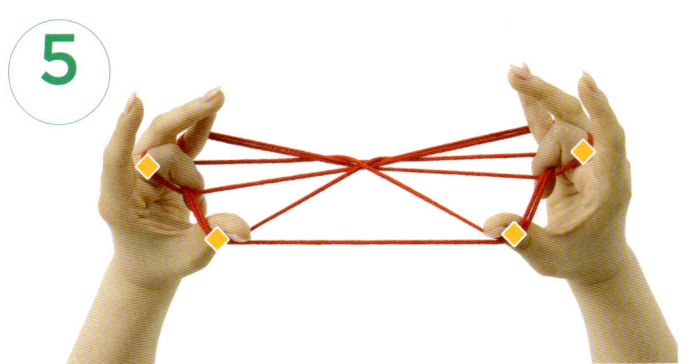

親指にかかっている2本の◆と、中指の背の根元にかかっている◆をはずします。

Release thumbs ◆ and slowly release middles ◆, keeping fingers hooked.

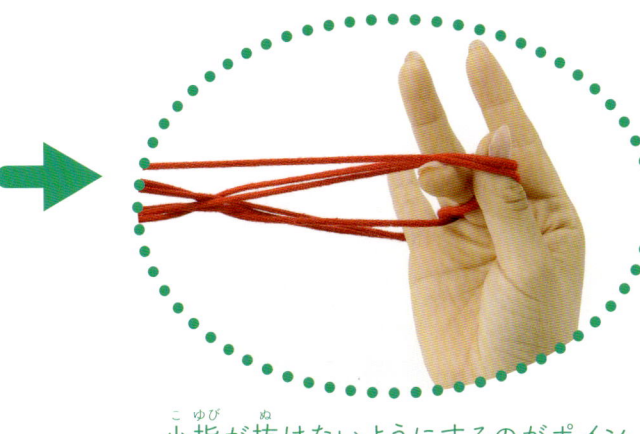

POINT!

小指が抜けないようにするのがポイントです。

Don't remove loops from pinkies.

6

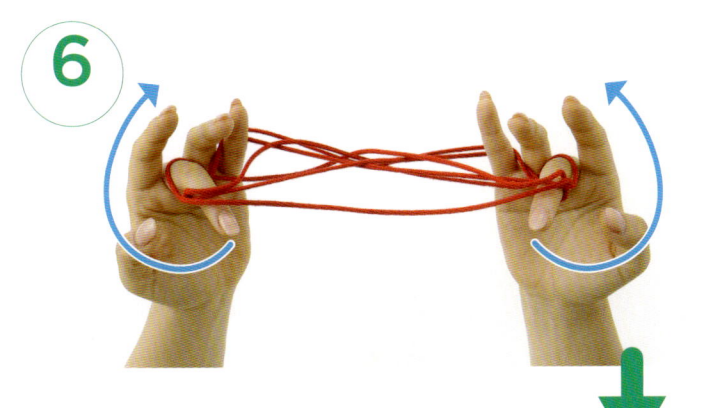

中指と小指をピンとはりながら、指先を矢印の方向におこします。

Pull middles and pinkies apart as hands rotate forward in arrow direction.

できあがり！ Done!

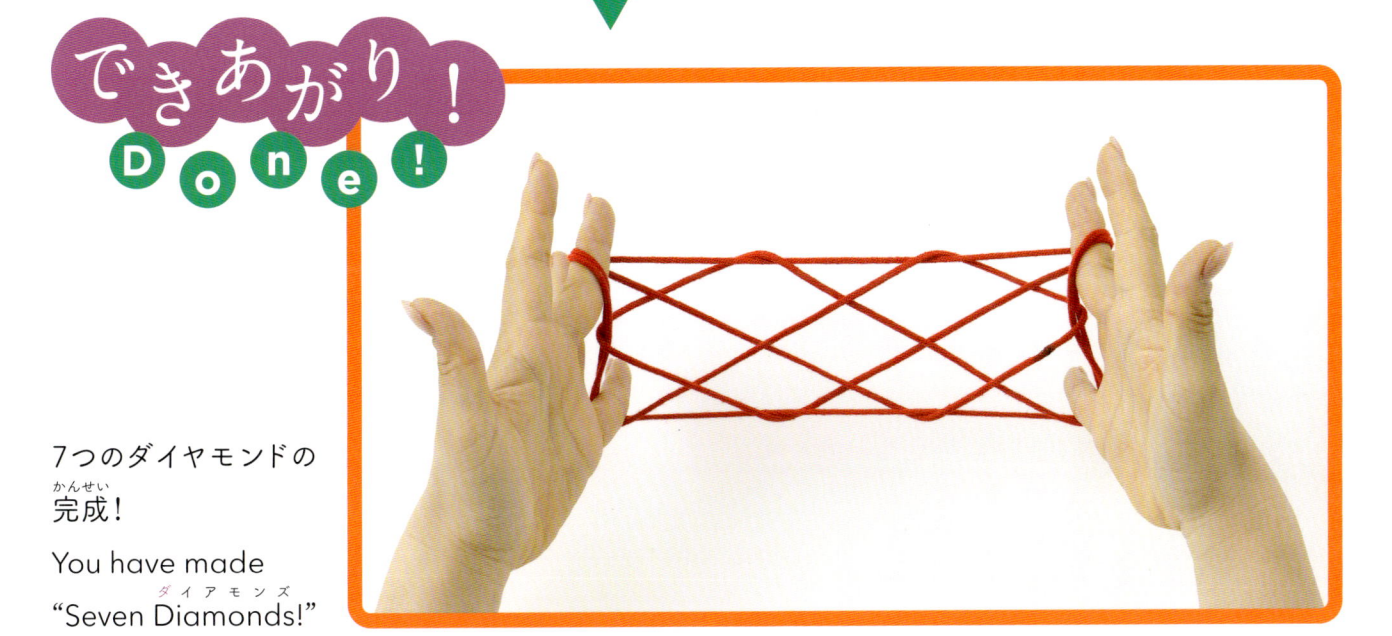

7つのダイヤモンドの完成！

You have made "Seven Diamonds!"

4段ばしご

ひもの長さ（レン(グ)ス ストゥリン(グ)）
Length of String
ふつうのひも（ミーディアム）
Medium

むずかしさ（レヴェル ディフィカルティ）
Level of Difficulty ★★★

Jacob's Ladder
（ジェイコブズ ラ ダ ァ）

「Jacob's Ladder」は空まで届くはしごのことだよ。

"Jacob's Ladder" means a ladder to reach up to the sky.（リーチ）

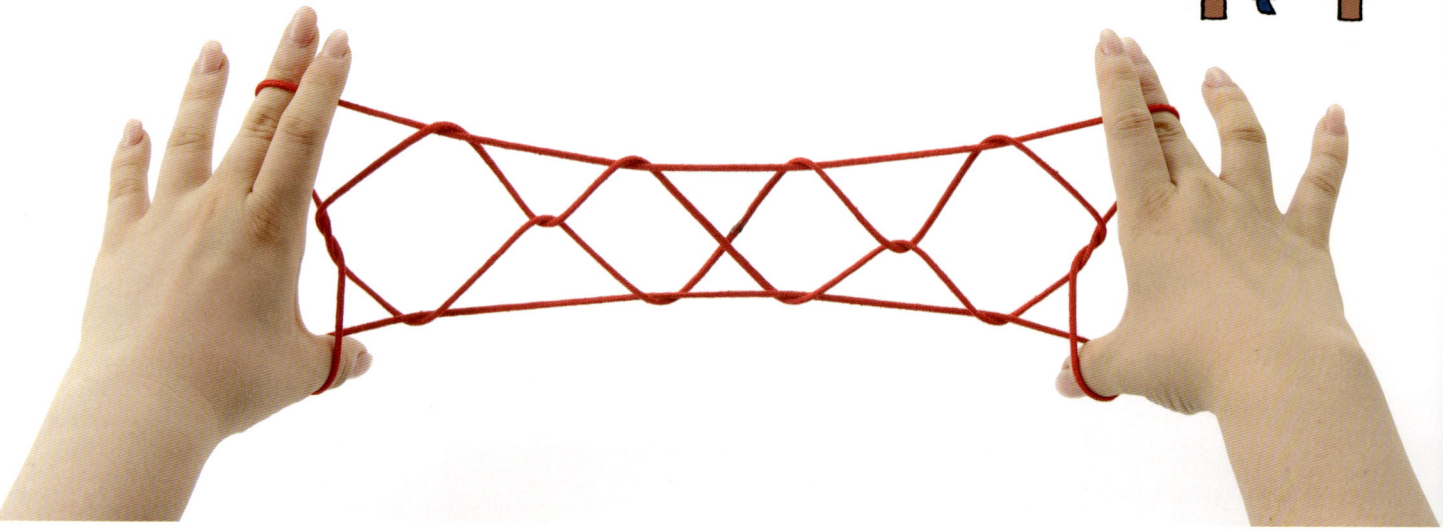

1

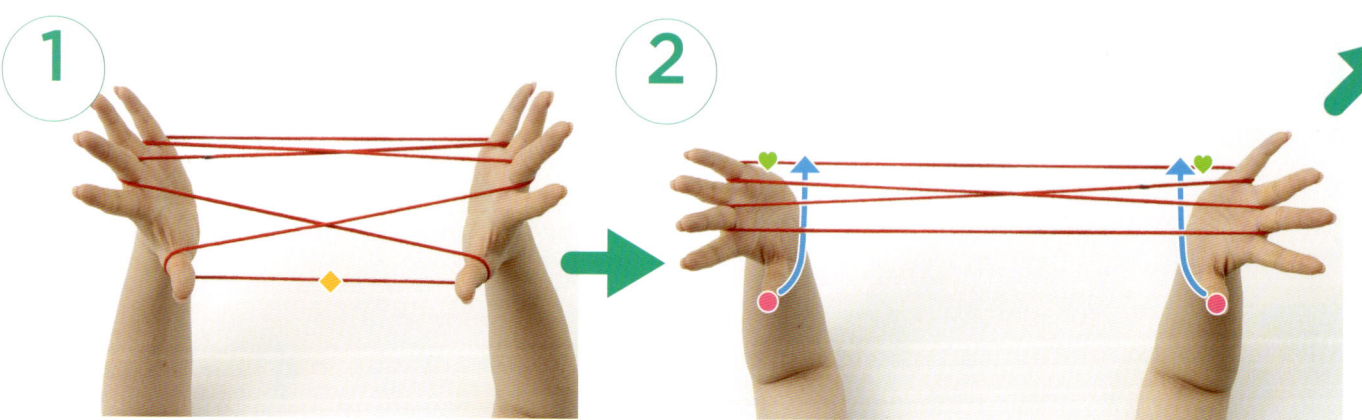

2

中指の構え（7ページを見てね）から、親指の◆をはずします。

Start with Opening C (See p.7) and then release thumbs ◆.

両手の親指の背で、♥をほかのひもの下からくぐるようにとります。

Thumbs go under intervening strings and take far（インターヴィーニン(グ)）
pinkie string ♥ from below and bring it back.（ピンキィ）（ビロウ）

42

3

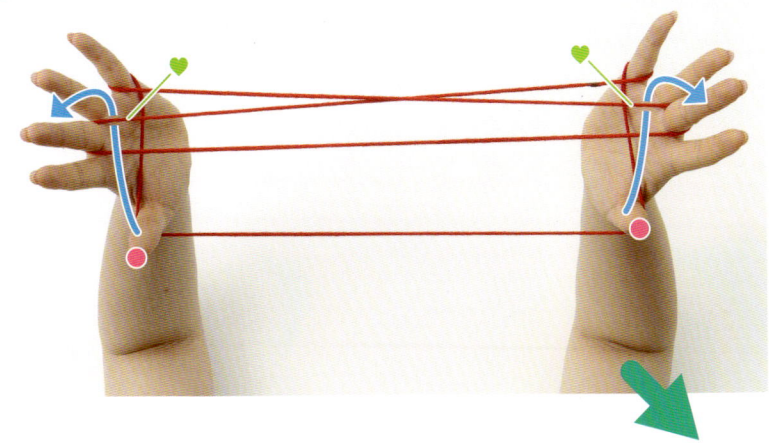

両手の親指の背で、♥をほかのひもの上からとります。

Thumbs go over near ^{ミドゥルズ}middles strings to take far middles strings ♥ from below.

4

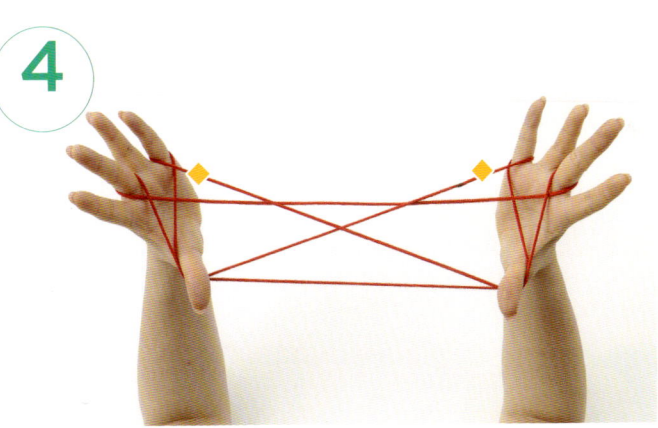

小指の◆をはずします。

Release pinkies ◆.

5

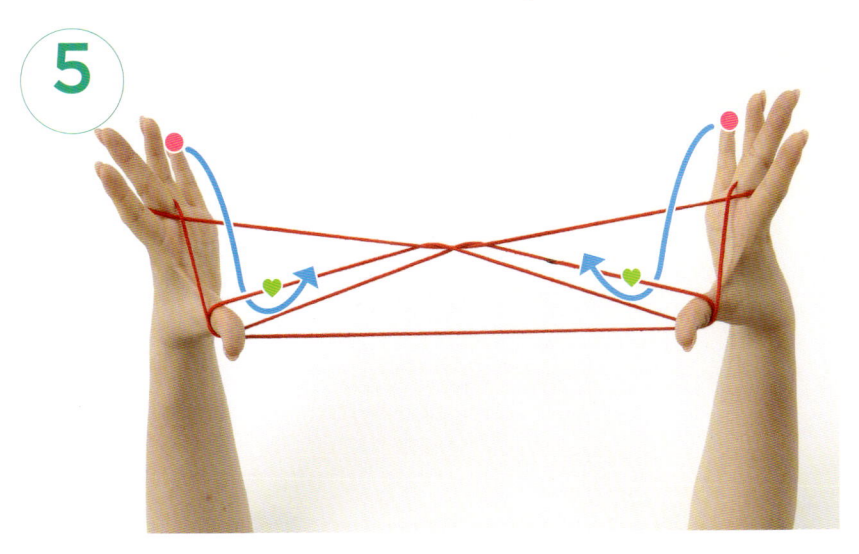

両手の小指の背で、♥をほかのひもの上からとります。

Pinkies go over middles strings to take far thumbs strings ♥ from below.

6

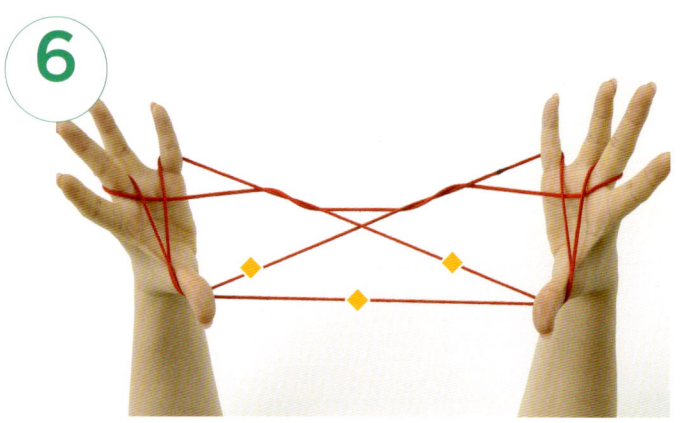

親指にかかる◆を全部はずします。
Release thumbs ◆.

7

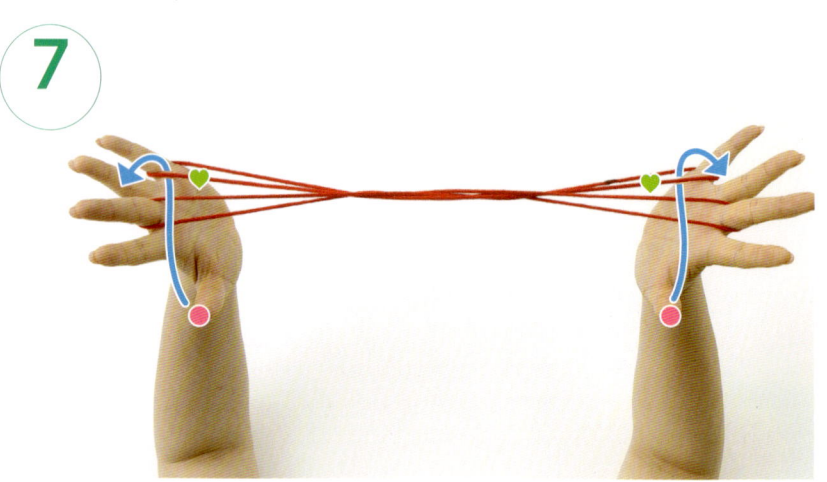

両手の親指の背で、♥をほかのひもの上からとります。
Thumbs go over middles loops to take near pinkies
strings ♥ from below.

8

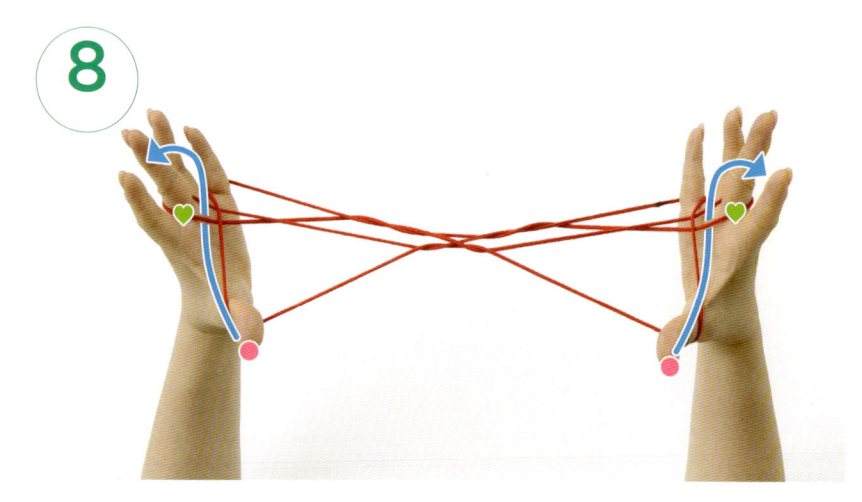

両手の親指の背で、♥をとります。
Thumbs take near middles strings ♥
from below.

POINT!

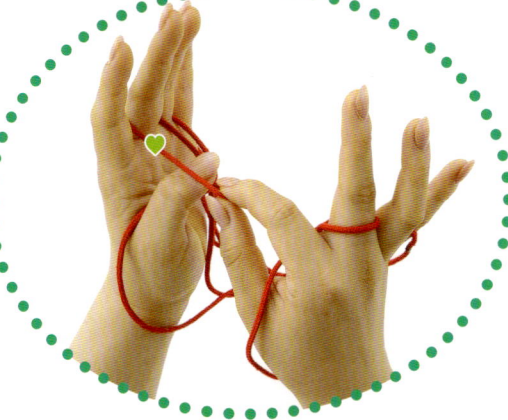

♥を片手ずつ指にかけるとうまくとれます。

Place string ♥ around thumb, one hand at a time.

⑨

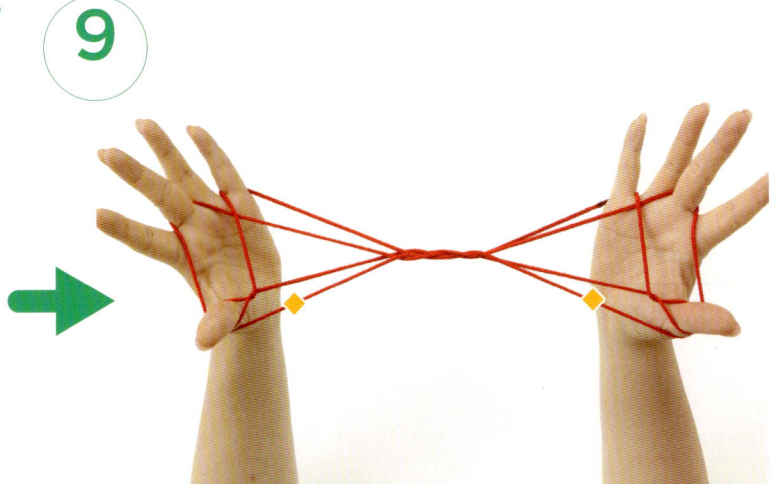

親指の下側にかかっている◆をナバホどり（7ページを見てね）します。

Do Navajo Way around thumbs ◆ (See p.7).

POINT!

片手ずつはずすとうまくいきます。ひもが2本ともはずれないように気をつけましょう。

Do it one hand at a time. Make sure that you don't remove both strings.

10

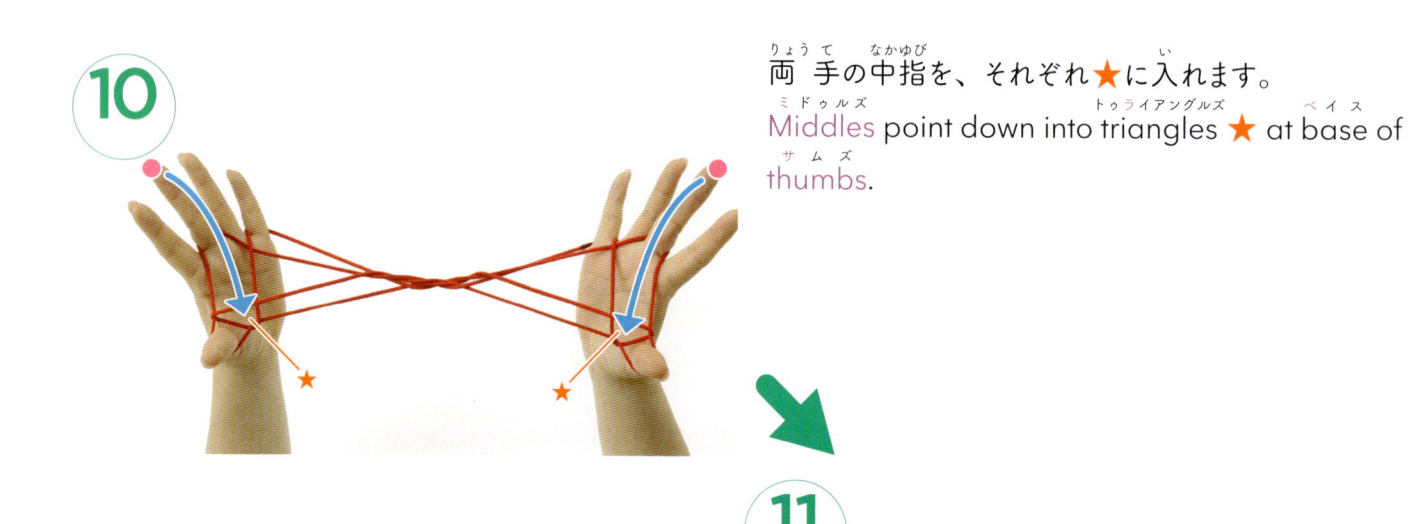

両手の中指を、それぞれ★に入れます。
Middles point down into triangles ★ at base of thumbs.

11

中指と小指の◆をはずしながら、中指と親指をひらいて、手のひらを向こう側に向けます。
Release pinkies ◆ and slowly hook middles around strings ◆ and twist outward as thumbs twist slightly and pull apart.

できあがり！
Done!

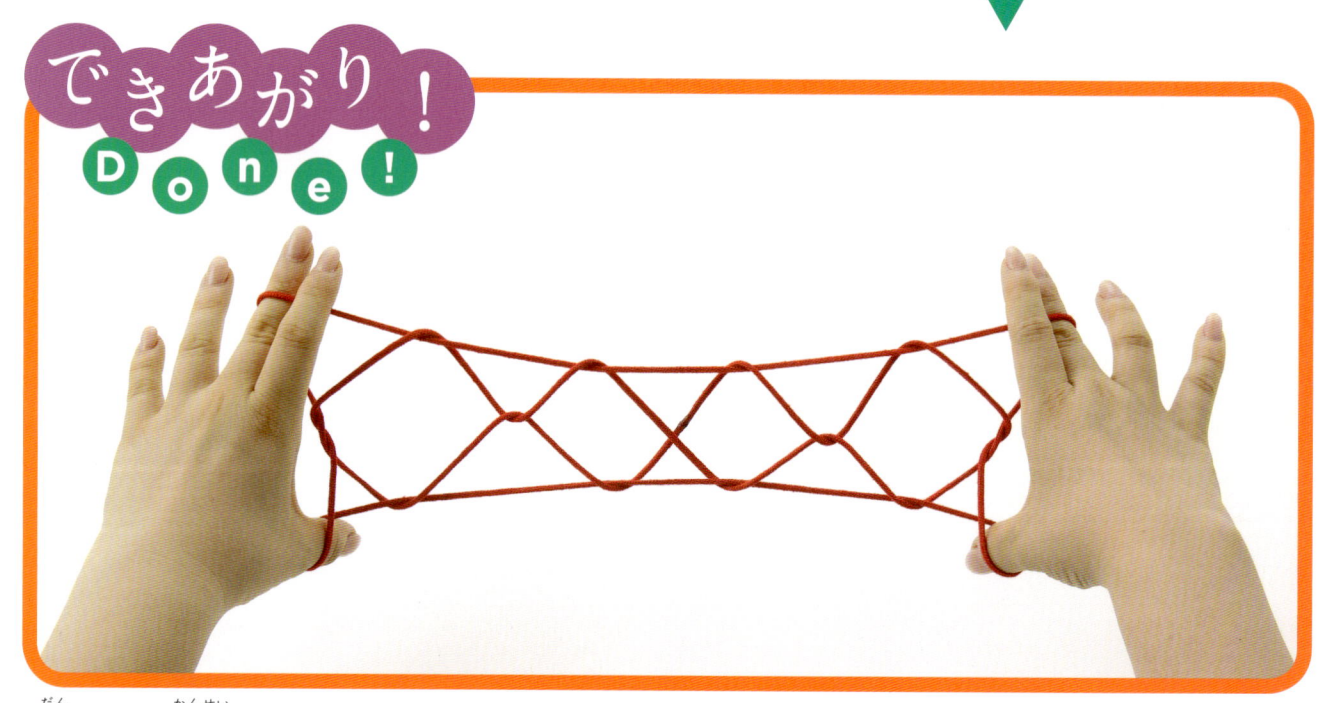

4段ばしごの完成！
You have made a "Jacob's Ladder!"

かに → あめ玉 → 女の子

ひもの長さ　Length of String　ふつうのひも　Medium

むずかしさ　Level of Difficulty　★★★

Crab, Candy and Girl

形がどんどん変わっていくへんしんあやとりだよ！

This is a string figure with changes from a crab to a candy to a girl!

1

中指の構え（7ページを見てね）からはじめ、右手の親指を、中指、小指にかかるひもをまたぐように、倒します。

Start with Opening C (See p.7). Right thumb rolls over all strings in arrow direction.

2

倒したところ。さらに、右手の親指を下に向けます。

See right thumb as shown. Next, right thumb rolls downward.

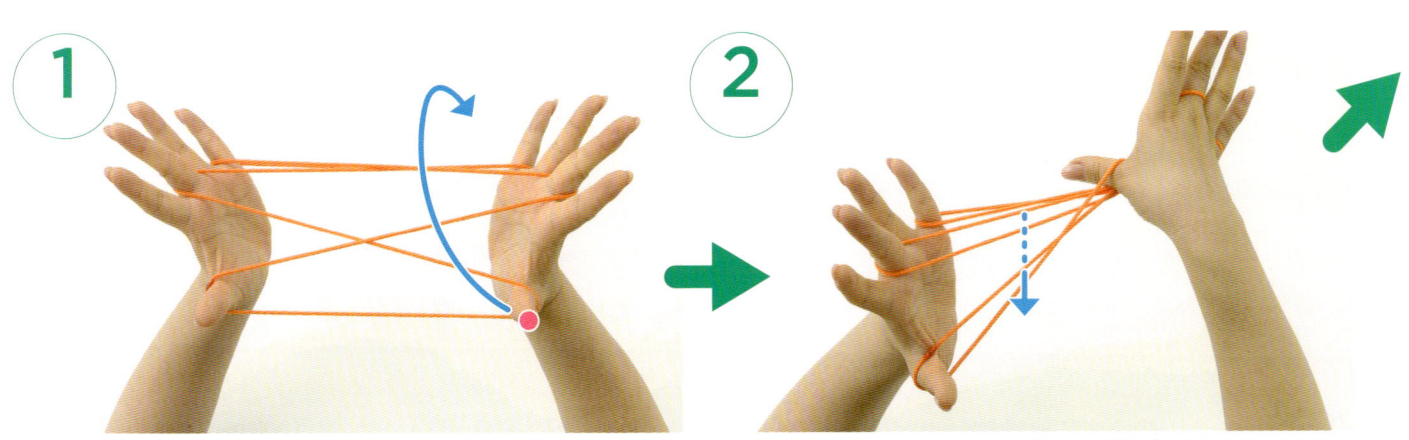

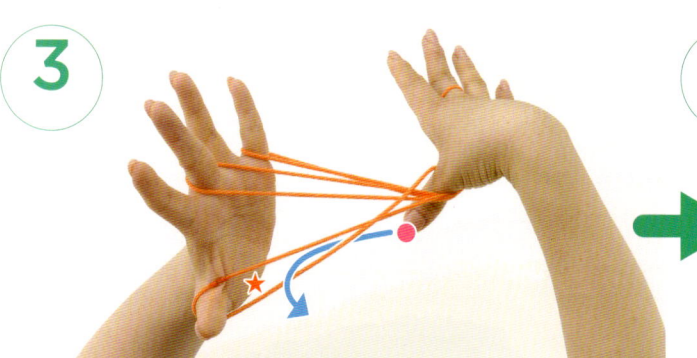

3

ほかのひもの下から左手の★の中に、右手の親指を入れ、親指を上に向けます。

Right thumb inserts left thumb loop ★ from below and stands up.

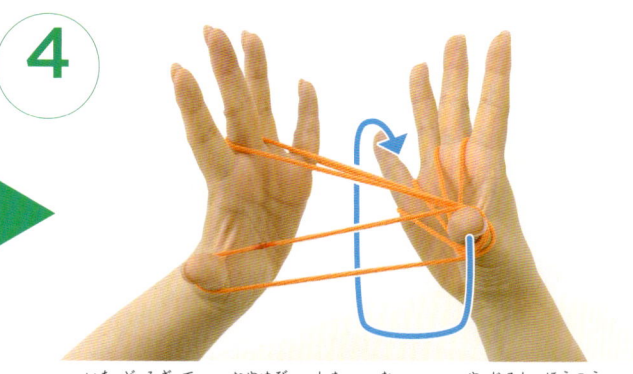

4

もう一度右手の親指を下に向け、矢印の方向にひねります。

Right thumb rolls down around thumb strings in arrow direction and returns to upright position.

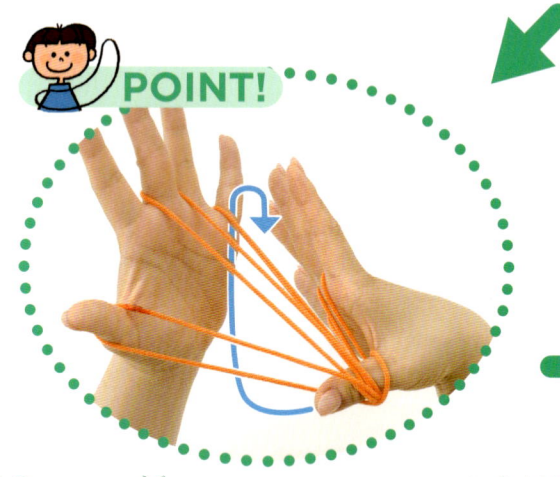

POINT!

左手はあまり動かさないようにすると、位置関係がわかりやすくなります。

Make sure that you keep your left hand still.

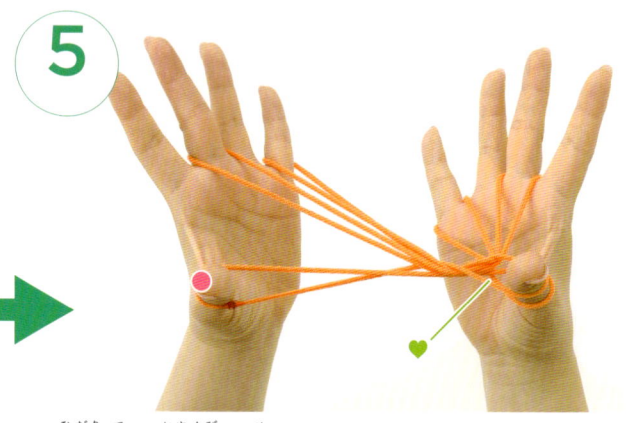

5

左手の親指の背で、♥をとります。

Left thumb takes upper right thumb loop ♥ from below.

POINT!

とるのは親指にかかっているひものうち、上側のひもだけなので間違えないようにしましょう。

Don't take lower right thumb loop ♥.

6

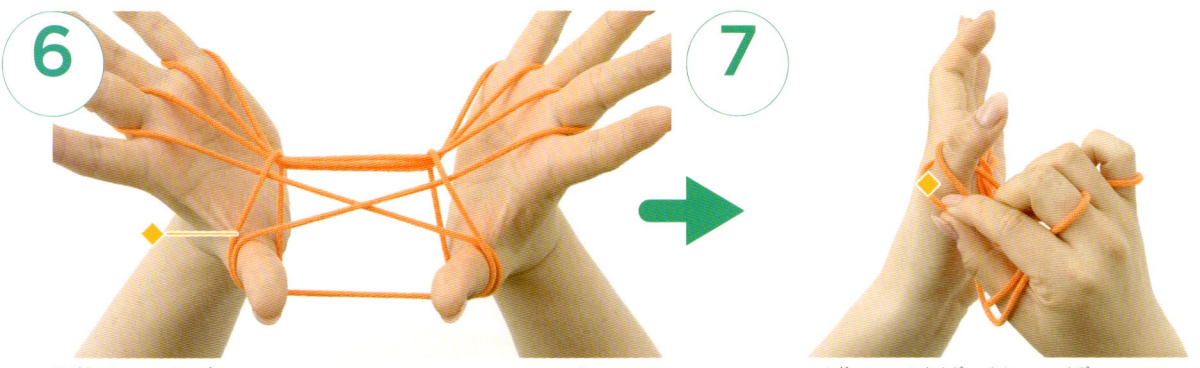

左手（ひだりて）の親指（おやゆび）の◆をナバホどり（9ページを見（み）てね）します。

Do Navajo Way around left thumb ◆ (See p.9).

7

◆は、右手（みぎて）の親指（おやゆび）と人（ひと）さし指（ゆび）でつまんではずすと、うまくいきます。

Make sure that right thumb and index are pinched together.

POINT!

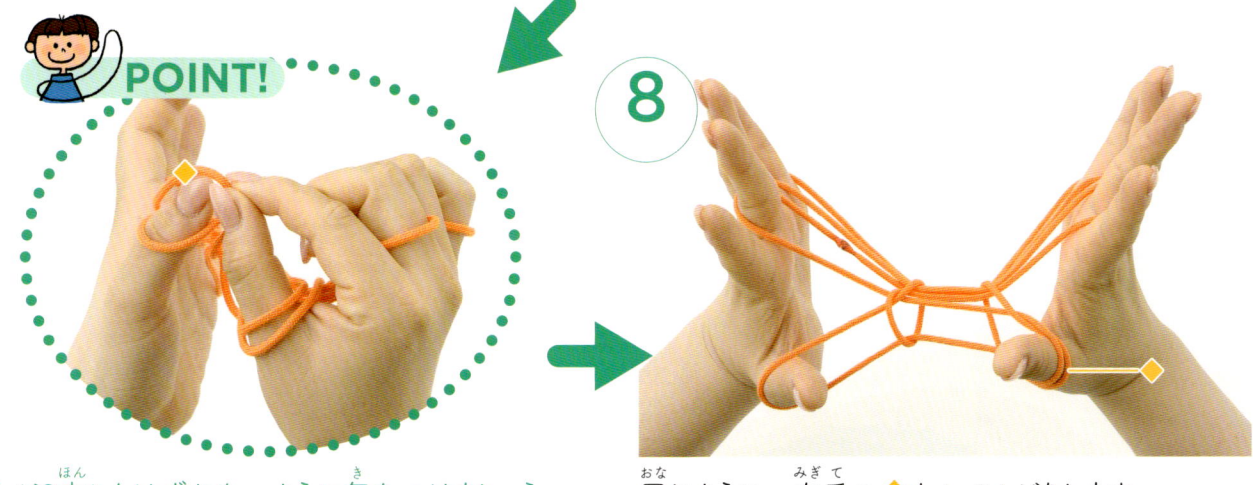

ひもが2本（ほん）ともはずれないように気（き）をつけましょう。

Don't remove upper loop.

8

同（おな）じように、右手（みぎて）の◆もナバホどりします。

Repeat on the other hand.

できあがり！ Done!

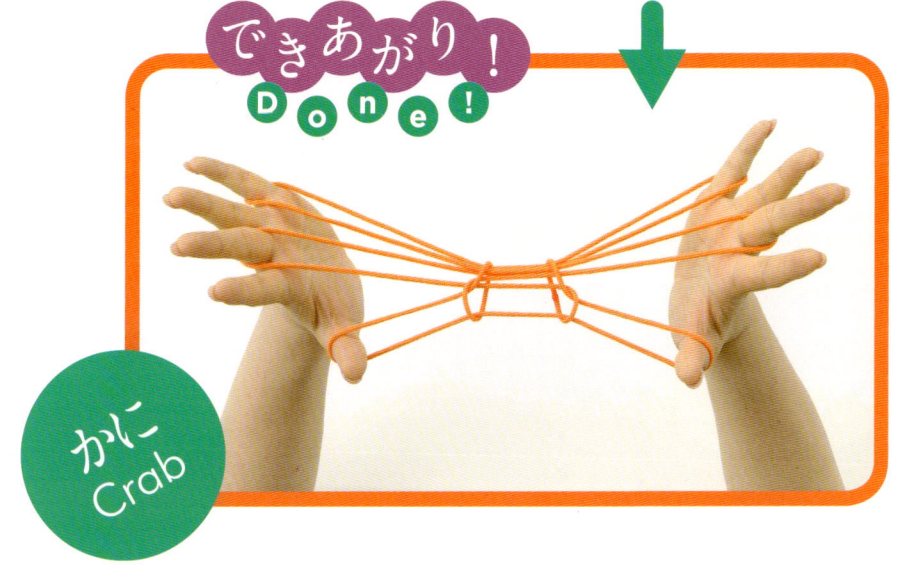

かに
Crab

かにの完成（かんせい）！（結（むす）び目（め）をしめきらないように気（き）をつけてね）

You have made a "Crab!" Make sure that knot isn't too tight.

9

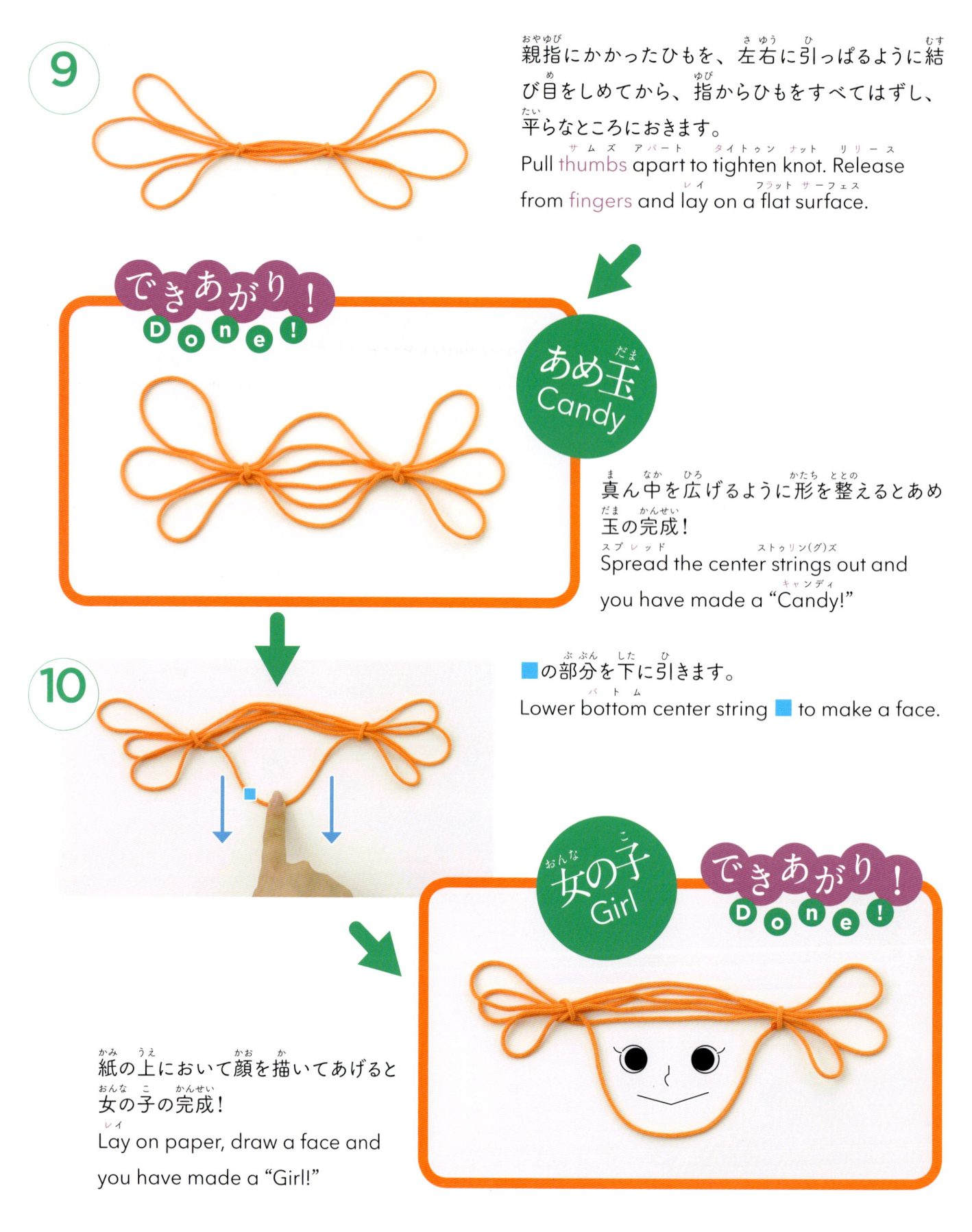

<ruby>親指<rt>おやゆび</rt></ruby>にかかったひもを、<ruby>左右<rt>さゆう</rt></ruby>に<ruby>引<rt>ひ</rt></ruby>っぱるように<ruby>結<rt>むす</rt></ruby>び<ruby>目<rt>め</rt></ruby>をしめてから、<ruby>指<rt>ゆび</rt></ruby>からひもをすべてはずし、<ruby>平<rt>たい</rt></ruby>らなところにおきます。

Pull thumbs apart to tighten knot. Release from fingers and lay on a flat surface.

できあがり！ Done!

あめ<ruby>玉<rt>だま</rt></ruby> Candy

<ruby>真<rt>ま</rt></ruby>ん<ruby>中<rt>なか</rt></ruby>を<ruby>広<rt>ひろ</rt></ruby>げるように<ruby>形<rt>かたち</rt></ruby>を<ruby>整<rt>ととの</rt></ruby>えるとあめ<ruby>玉<rt>だま</rt></ruby>の<ruby>完成<rt>かんせい</rt></ruby>！

Spread the center strings out and you have made a "Candy!"

10

■の<ruby>部分<rt>ぶぶん</rt></ruby>を<ruby>下<rt>した</rt></ruby>に<ruby>引<rt>ひ</rt></ruby>きます。

Lower bottom center string ■ to make a face.

<ruby>女<rt>おんな</rt></ruby>の<ruby>子<rt>こ</rt></ruby> Girl

できあがり！ Done!

<ruby>紙<rt>かみ</rt></ruby>の<ruby>上<rt>うえ</rt></ruby>において<ruby>顔<rt>かお</rt></ruby>を<ruby>描<rt>か</rt></ruby>いてあげると<ruby>女<rt>おんな</rt></ruby>の<ruby>子<rt>こ</rt></ruby>の<ruby>完成<rt>かんせい</rt></ruby>！

Lay on paper, draw a face and you have made a "Girl!"

あやとりを英語で説明するとき、繰り返し出てくる英単語や決まった言い回しがあるよ。それらをあらかじめ覚えておくと、とても便利だよ。

英単語

take

「(あやとりのひもを)とる」という意味だよ。takeは「持って行く／連れて行く／時間がかかる」などさまざまな意味を持っている動詞だけど、こんな意味もあるんだね。

release（リリース）

「(あやとりのひもを)はずす」という意味だよ。takeの反対の意味の英単語として覚えておくといいね。

place

「(あやとりのひもを)かける」という意味だよ。placeは「場所」という名詞として覚えている人が多いかもしれないね。こんなふうに動詞としても使えるんだね。

rotate（ロウテイト）

ちょっと難しい単語だね。「～を回転させる」という意味だよ。ここでしっかり覚えておこうね。

決まった言い回し

Pull hands apart.（アパート）

「両手を左右に広げてね」という意味だよ。あやとりのひもをとった後で、ひもをぴんと張りたいときに、こんなふうに言ってみよう。

Do like this.

「こんなふうにやってね」という意味だよ。自分でお手本を見せながら言うと、相手もわかりやすいよね。

Repeat on the other hand.（リピート）

「反対の手も同じようにやってね」という意味だよ。たとえば、左手でナバホどりをした後で、こう言うと、「右手もナバホどりをしよう」という意味になるよ。

友だちと楽しむ面白あやとり

あやとりしない？
Why don't you play
cat's cradle?

いいね！
Sure!

※cat's cradleは、ふたりで遊ぶあやとりのことをいうよ。

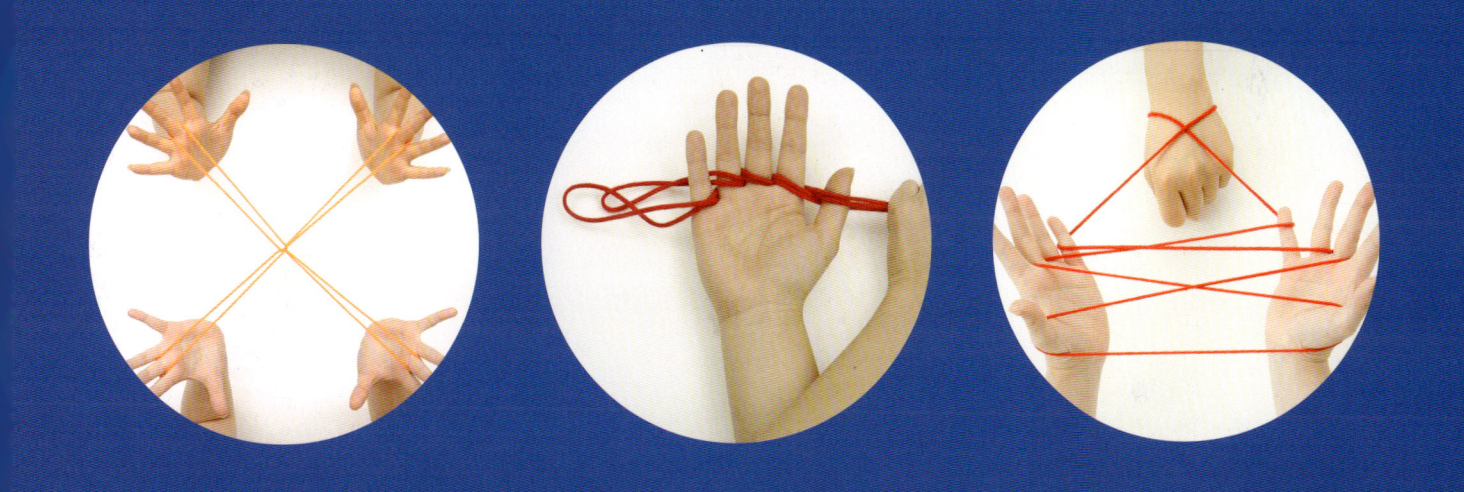

おもちつき

Making a Rice Cake

おもちつきは日本の年末の風物詩だよ。

It's traditional in Japan to make rice cakes on New Year's Eve.

①

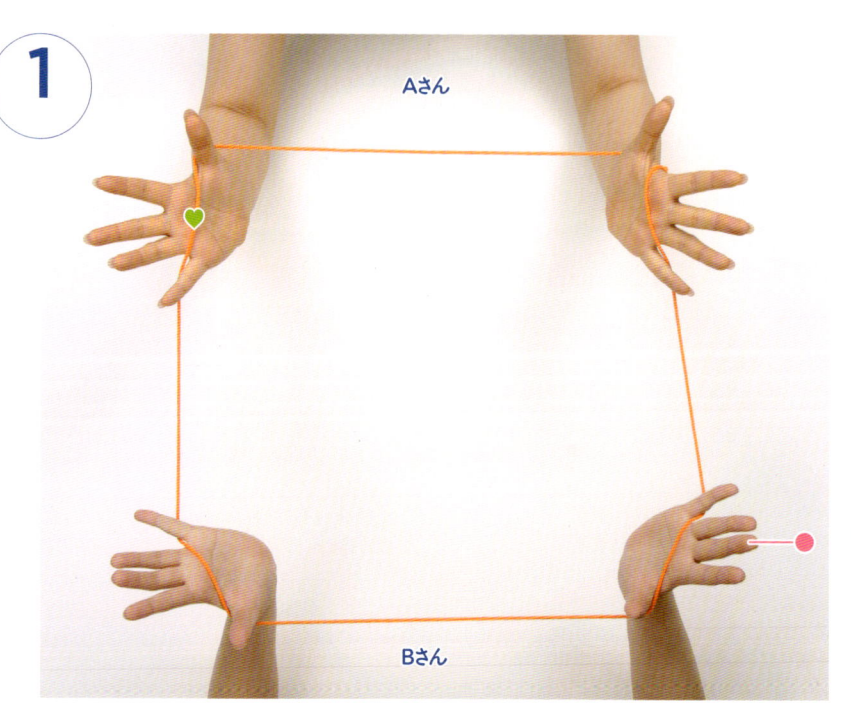

Aさん

Bさん

Aさん（向こう側）とBさん（手前側）が向かい合い、両手の親指と小指にひもをかけます。Bさんが、右手の中指の背で、Aさんの右手の♥をとります。

First player will be (**A**) and second player will be (**B**). (**A**) and (**B**) face each other and both (**A**) and (**B**) place loop around thumbs and pinkies. (**B**) right middle takes (**A**) right palm string ♥ from below.

2

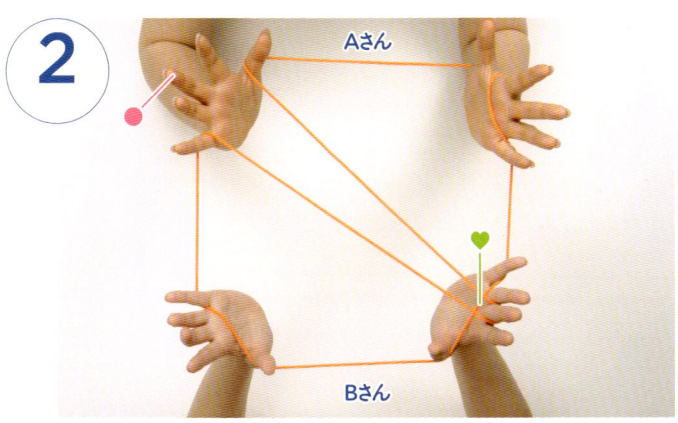

Aさんが、右手の中指の背で、Bさんの右手の中指にかかる2本の間の💚をとります。

(**A**) right middle takes (**B**) right palm string 💚

between middle loop from below.

3

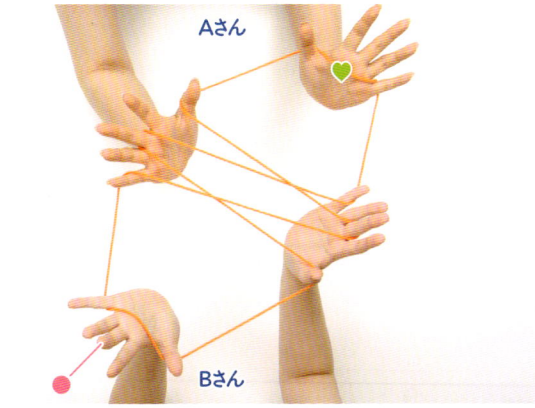

今度はBさんが、左手の中指の背で、Aさんの左手の💚をとります。

(**B**) left middle takes (**A**) left palm string 💚

from below.

4

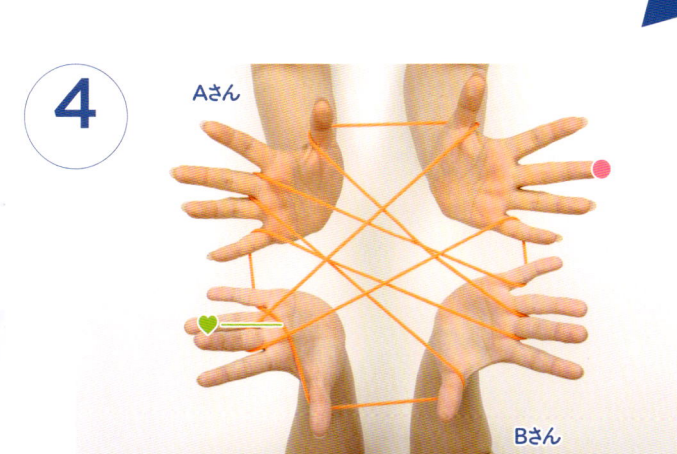

Aさんが、左手の中指の背で、Bさんの左手の中指にかかる2本の間の💚をとります。

(**A**) left middle takes (**B**) left palm string 💚

between middle loop from below.

5

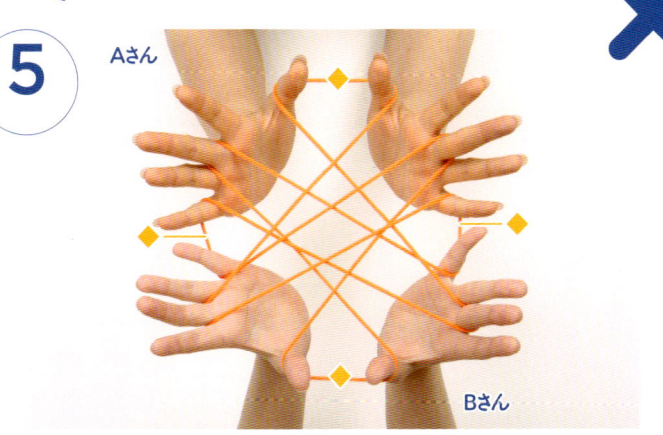

Aさん、Bさんともに、両手の親指と小指の🔶をすべてはずします。

Release both (**A**) and (**B**) thumbs 🔶 and

pinkies 🔶.

できあがり！ Done!

おもちつきあそびの開始（かいし）！

Let's play "Making a Rice Cake!"

Aさん

Bさん

あそびかた How to Play

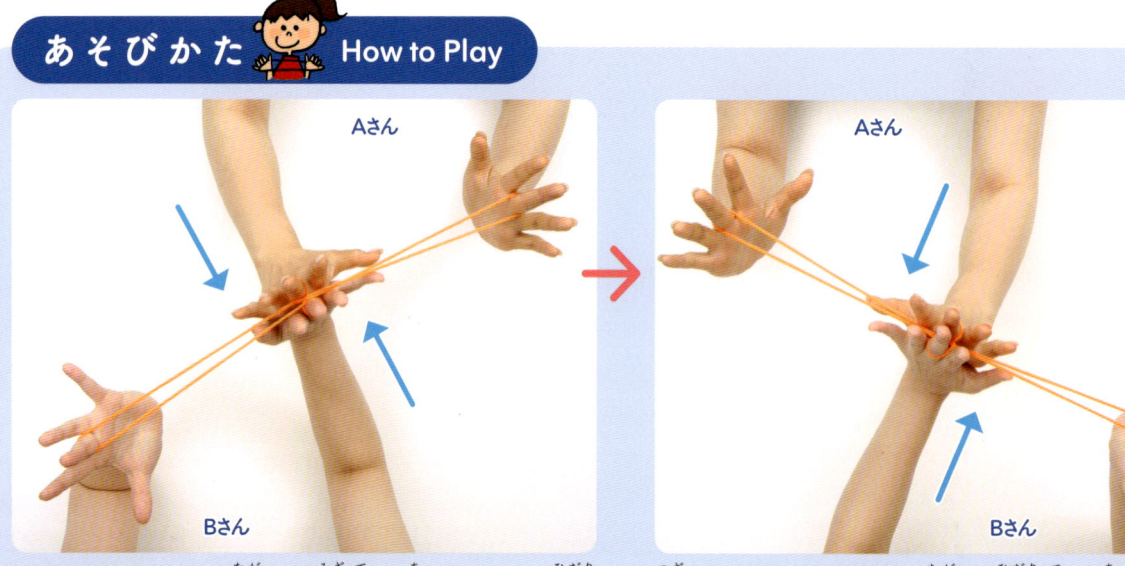

Aさん

Bさん

Aさん

Bさん

AさんとBさんのお互（たが）いの右手（みぎて）を合（あ）わせます。左手（ひだりてうご）は動きに合わせて引（ひ）くようにすると動（うご）かしやすくなります。

(**A**) and (**B**) put right hands together. Pull left hands アパート apart to make it easy.

次（つぎ）はAさんとBさんのお互（たが）いの左手（ひだりて）を合（あ）わせます。このように交互（こうご）に手（て）を合（あ）わせてあそびましょう！

Next, (**A**) and (**B**) put left hands together.
リピート
Repeat it and have fun!

指抜き
アンラヴェリン（グ）
Unravelling

ひもの長さ Length of String	ふつうのひも Medium
むずかしさ Level of Difficulty	★☆☆

外国人の友だちをびっくりさせよう！

Let's surprise foreign friends with this magical string figure!

中指の構え（7ページを見てね）から、両手の親指の背で、中指にかかる♥をとります。

Start with Opening C (See p.7) and then thumbs take near middle strings ♥ from below.

中指と小指の◆をはずし、ひもをピンとはります。このとき、親指と人さし指で軽くはさみながらひもを引くと、きれいにひもがはれます。

Release middles and pinkies ◆ and then pull hands apart to straighten string.

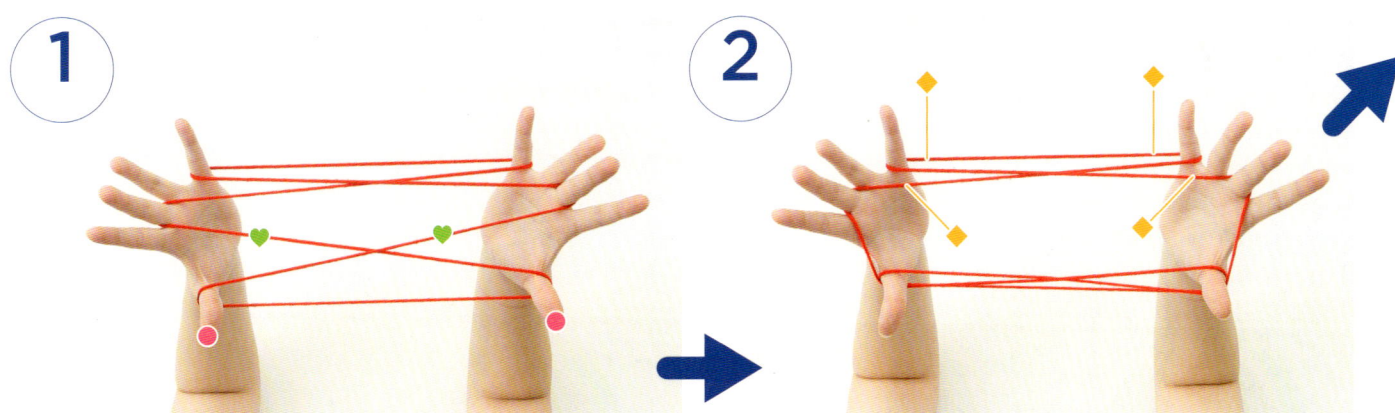

3

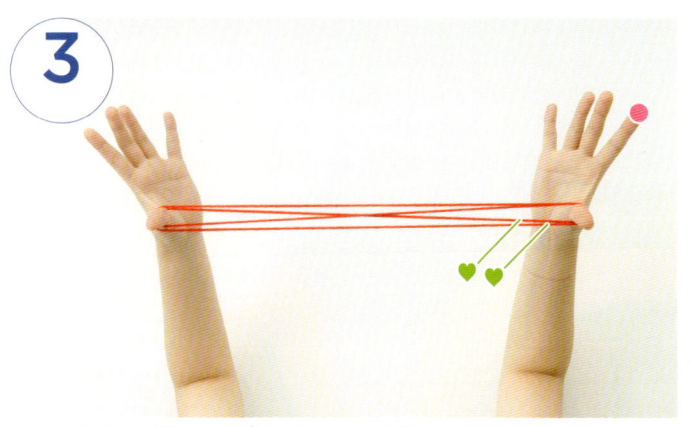

右手の人さし指の背で、2本の♥をとります。

Right index takes two strings ♥ near thumb from below.

ひもはきちんと2本ともとりましょう。

Make sure that you take two strings.

4

中指の背で2本の♥をとります。

Right middle takes two strings ♥ near index from below.

5

薬指の背で2本の♥をとります。

Right ring takes two strings ♥ near middle from below.

6

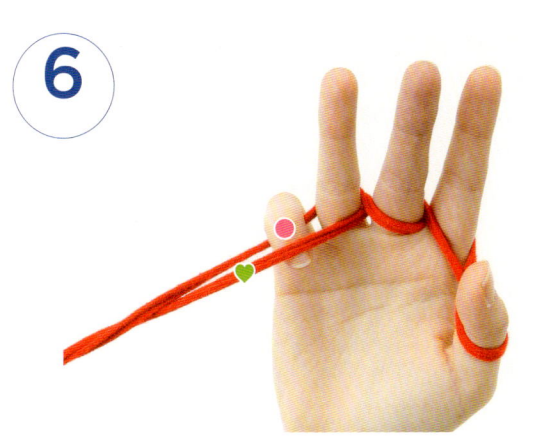

小指の背で、2本の💚をとります。

Right pinkie takes two strings 💚 near ring

from below.

7

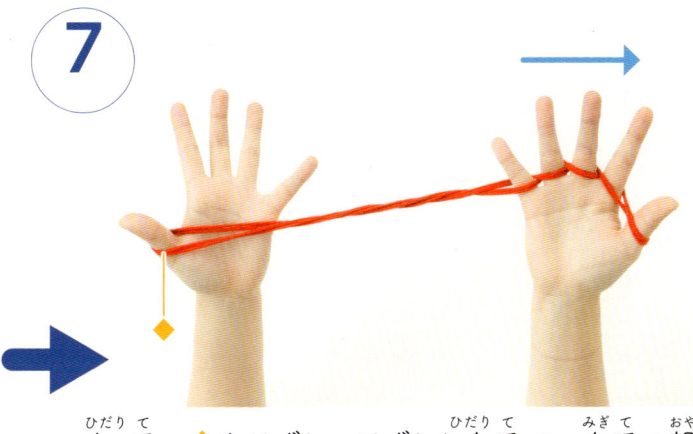

左手の◆をはずし、はずした左手で、右手の親指のひもの端をつかみます。ひもをつかんだら矢印の方向に引っぱります。

Release left thumb loop ◆. Left hand holds right thumb loop and then pull it in arrow direction.

POINT!

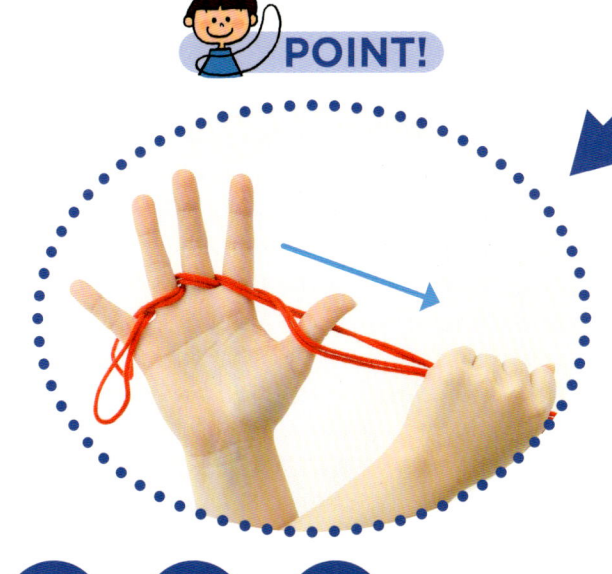

引っぱっているとちゅう。ひもが引っかからないように、ゆっくりと引きましょう。

Do like this. Make sure that you pull string slowly to prevent tangling.

できあがり！ Done!

指の間にからまっていたひもが抜けちゃった！

You unraveled a tangled string around your fingers!

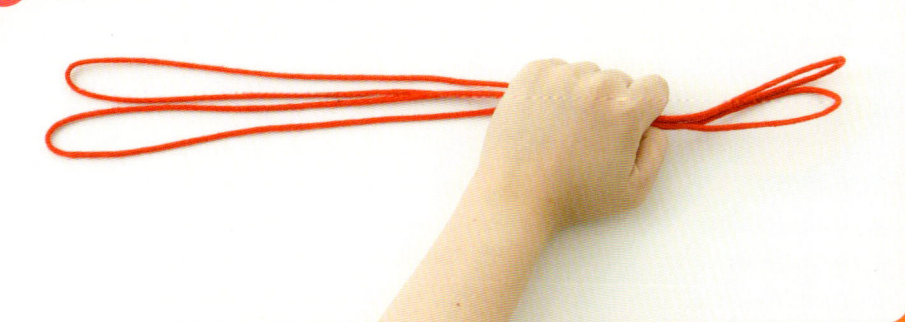

手首抜き

ひもの長さ レン(グ)ス　ストゥリン(グ) Length of String	長いひも なが Long
むずかしさ レヴェル　ディフィカルティ Level of Difficulty	★★☆

Cutting the Hand

外国人の友だちと楽しもう。

How about playing this magical string
figure with foreign friends?

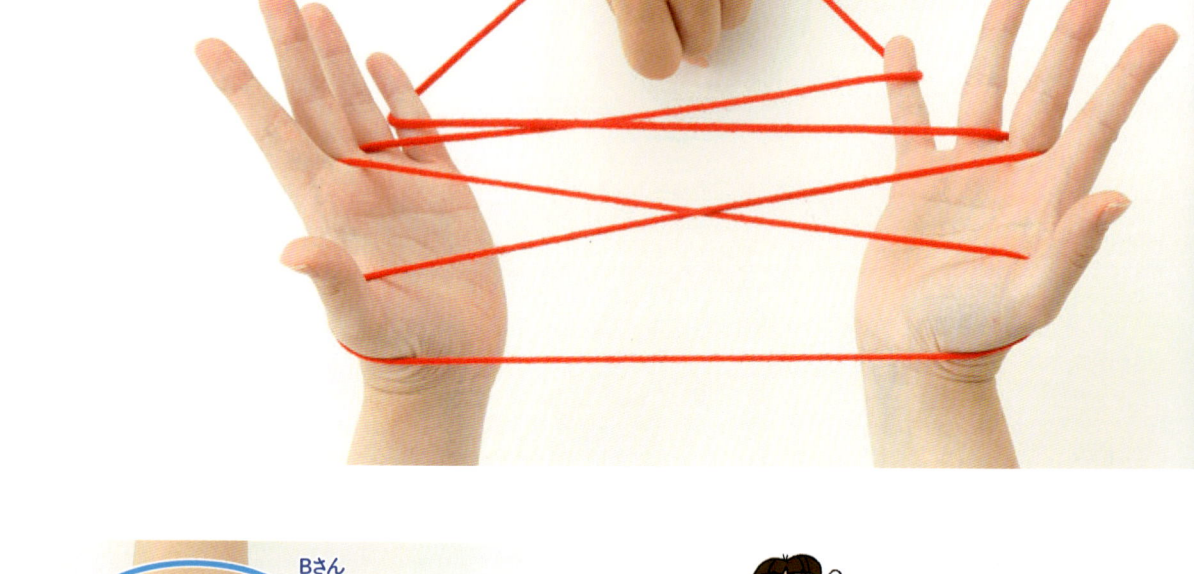

①

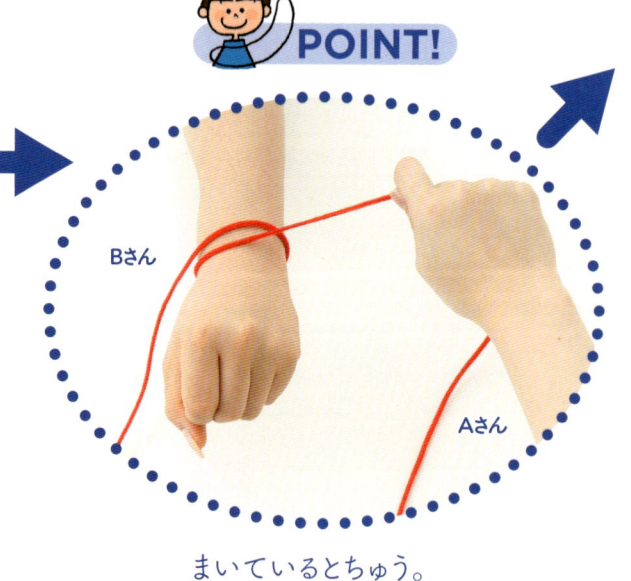

ひもを持つ人（**A**さん）の向かいにもうひとり（**B**さん）が立ちます。**A**さんが**B**さんの手首にひもをかけ、矢印の方向にひもをひとまきします。

First player will be (**A**) and second player will be (**B**).

(**B**) stands in front of (**A**). (**A**) places string around (**B**)
wrist and winds it once in arrow direction.

まいているとちゅう。

Do like this.

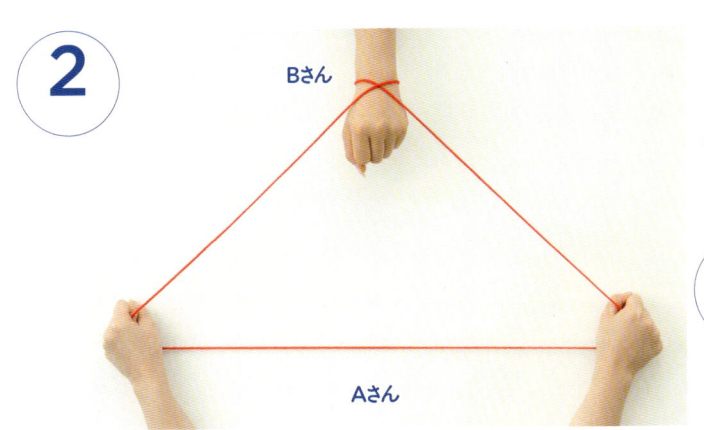

②

ひもをまいたら、**Aさん**は両手(りょうて)で写真(しゃしん)のようにひも
を持(も)ちます。

（**A**）both hands hold string as shown.

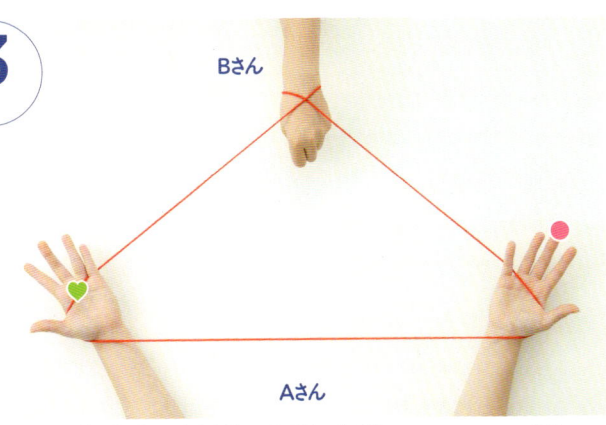

③

Aさんは両手(りょうて)の親指(おやゆび)と小指(こゆび)の間(あいだ)にひもをかけ直(なお)し、
右手(みぎて)の中指(なかゆび)の背(せ)で、左手(ひだりて)の💚をとります。

（**A**）places loop(ループ) around thumbs(サムズ) and pinkies(ピンキィズ)
and then right middle(ミドゥル) takes left palm(パーム) string 💚
from below(ビロウ).

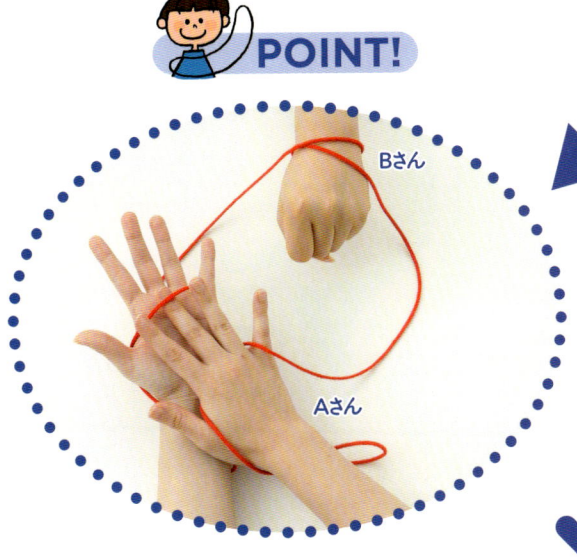

とっているとちゅう。**Bさん**の手首(てくび)からひ
もがはずれないように気(き)をつけましょう。

Do like this. Make sure that (**B**) wrist
string doesn't drop off.

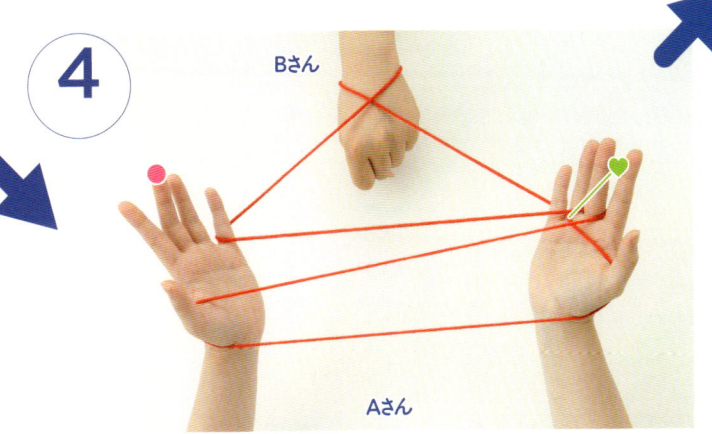

④

Aさんは左手(ひだりて)の中指(なかゆび)の背(せ)で、右手(みぎて)の💚をとります。

（**A**）left middle takes right palm string 💚 from
below.

5

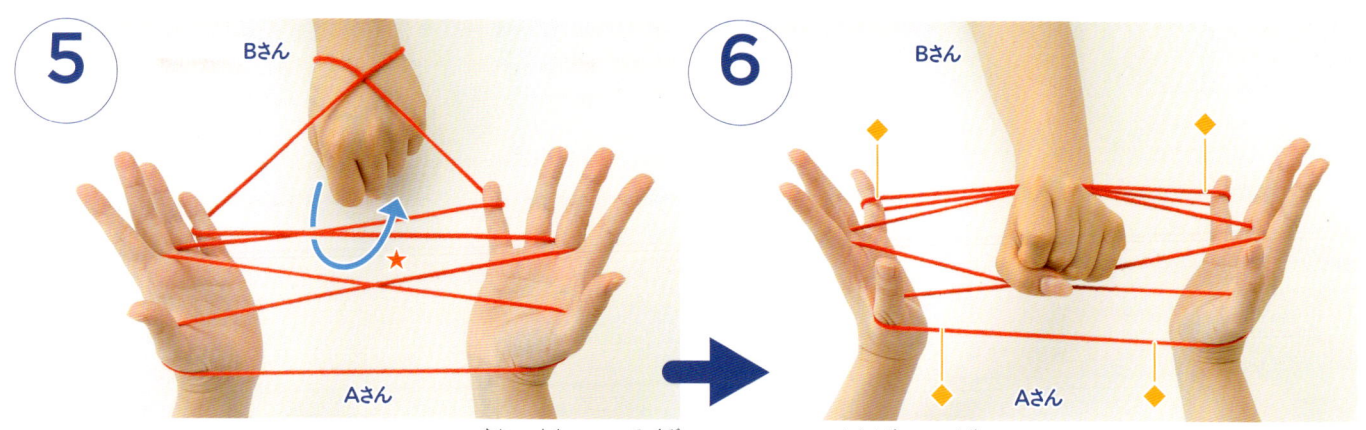

Bさん

Aさん

Bさんがひもをくぐるように、★の中に下から手首を入れます。
(B) wrist goes up through center of (A) middles loops ★ from below.

6

Bさん

Aさん

Aさんの親指と小指にかかる◆をはずします。
(A) keeps middles but releases everything else ◆.

7

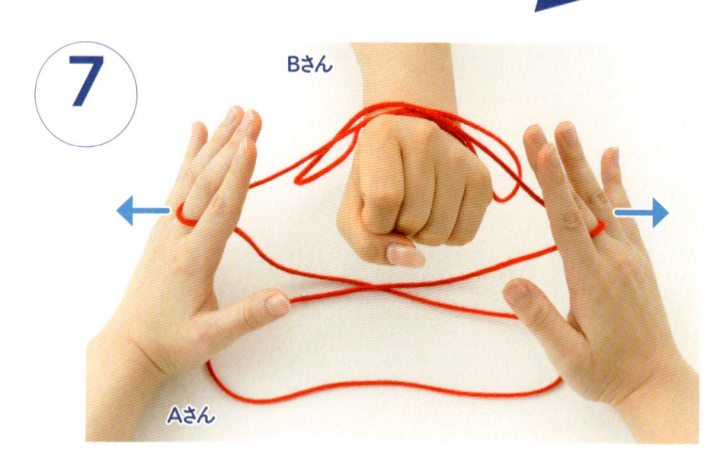

Bさん

Aさん

Aさんが両手を矢印の方向に引っぱります。
(A) pulls hands apart in arrow directions.

でき あ が り！
Done!

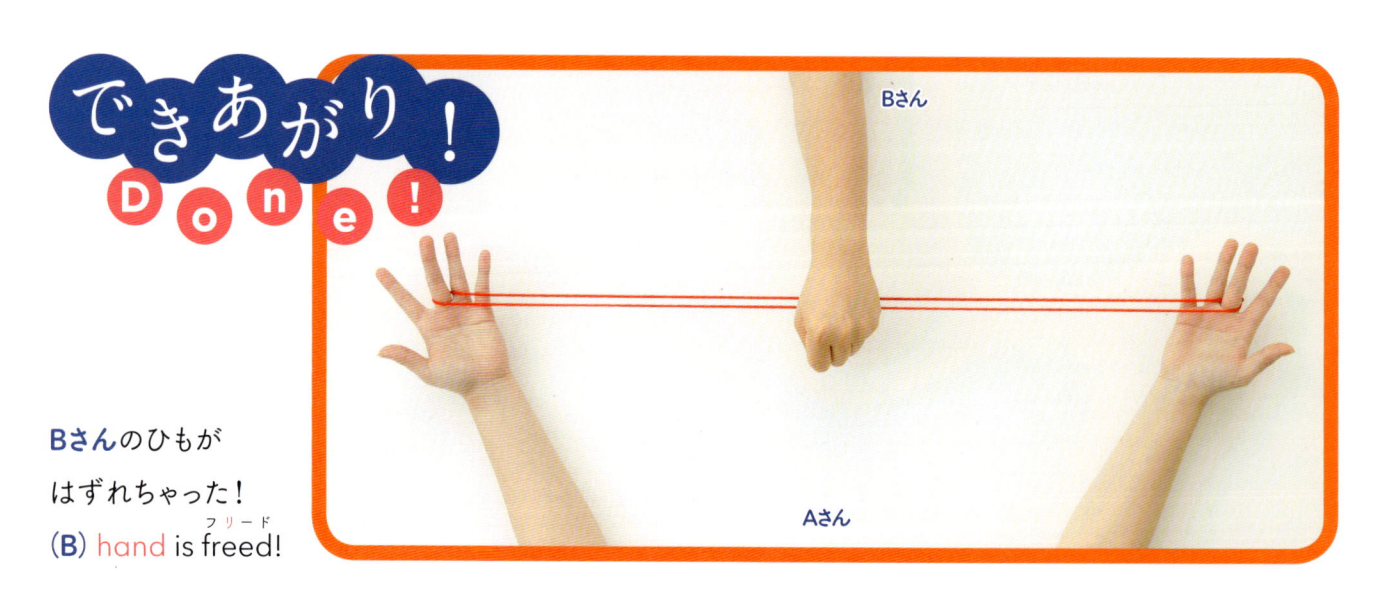

Bさん

Aさん

Bさんのひもが
はずれちゃった！
(B) hand is freed!

あやとりを知らない友だちからこんな質問を受けたら、英語で説明してあげよう。

 **Q** あやとりっていつからあるの？

When did *ayatori* start?

 **A** 約400年前の中国の小説や、約300年前の英語辞典にあやとりについて書かれていますが、本当のところははっきりしません。

字を使わないで生活していた大昔の人々が、たいせつなできごとを知らせるときに、歌とともに使っていた記録があるそうです。

It featured in a novel in China 400 years ago. It was also found in an English dictionary about 300 years ago. However, nobody knows when it actually originated.

It seems that long ago, *ayatori*, accompanied by songs, was used to announce important events instead of written words.

 **Q** 世界中にあやとりっていくつあるの？

How many string figures are there in the world?

 **A** 約3000種類以上です。あやとりは世界各地で生まれてきたものなので、その場所で生活しなければ、その土地のあやとりを知ることはできませんでした。

19世紀に文化人類学者があやとりの調査をはじめ、そこから現在まで、あやとりは3000種類を超えるといわれています。

More than 3000 types. String figures originated in areas in all over the world.

In those days people only knew the figures from their own areas, not from elsewhere.

In the 19th century , cultural anthropologists began investigating from where and how many string figures there were and as far as they could tell, there are more than 3000 types.

編
株式会社フィグインク［担当：角田領太］
手芸やクラフト、料理などの女性実用系、歴史や古典、科学などの雑学系、イラストの描き方などの趣味系と、手がけるジャンルは多岐に渡る。編集部のほか、デザイン部、写真部、スタイリスト部があり、自社スタジオで撮影も可能。1冊を最初から最後まで制作できる編集プロダクション。

大門久美子
岡山県出身。千葉県在住。岡山大学大学院教育学研究科修了。（株）ベネッセコーポレーションで子ども向けの教材制作に携わり、その後独立。編集プロダクションを経営する傍ら、著作活動も精力的に行い、教育・実用・趣味の分野で、イラストやマンガ展開の執筆を得意とする。趣味は英語とゴルフ。主な著書に、『1000人が選んだ一番よく使う旅の英語72フレーズ』（三修社）、『ようこそ日本へ！写真英語ずかん（全3巻）』『中学英語で話そう　日本の文化（全3巻）』（以上、汐文社）、『ピクサーのなかまと学ぶはじめての科学（全3巻）』（KADOKAWA）など多数。ホームページhttp://www.ady.co.jp/

あやとり協力
石野恵一郎

イラスト
オーツノコ

写真
市瀬真以／宇賀神善之［スタジオダンク］

デザイン
小沼宏之［Gibbon］

英文校閲
Margaret Sumida

参考文献
- ●『わかりやすいあやとり百科』（有木昭久／ポプラ社）
- ●『みてみて！　びっくりあやとり』（有木昭久／ポプラ社）
- ●『親子でたのしむ楽しいあやとり』（麻生育子、山本昇／東京書店）
- ●『みんなであそぼう！　やさしいあやとり』（野口廣／成美堂出版）
- ●『3才から遊べるはじめてのあやとり　ひも1本で子どもの脳を育てる、夢をあたえる』（野口廣／主婦の友社）
- ●『写真でわかる　決定版あやとり大百科』（なつかしあそびの会／西東社）

＊この本は、2016年弊社刊「たのしいあやとり大図鑑」シリーズの掲載作品の一部に英文をつけ、再編集したものです。

伝統あそびで国際交流！
英語であやとり

2018年8月 初版第1刷発行

編————株式会社フィグインク／大門久美子
発行者——小安宏幸
発行所——株式会社汐文社
　　　　　東京都千代田区富士見1-6-1
　　　　　TEL: 03-6862-5200　FAX: 03-6862-5202
　　　　　http://www.choubunsha.com/
印刷————新星社西川印刷株式会社
製本————東京美術紙工協業組合

ISBN978-4-8113-2520-0